指値　リフォーム　空室対策　出口

＼がすべてわかる／

初めてでも今からでもできる

不動産投資入門！

空き家投資の超基本

パート主婦大家
なっちーこと　舛添《ますぞえ》 菜穂子《なほこ》

はじめに

皆さん、はじめまして！

パート主婦大家なっちーこと、舛添菜穂子と申します。

２０１４年に処女作を上梓して以来、ありがたいことに改訂版や新刊など合わせて４冊の著作を出版させていただく機会に恵まれました。本書は最後の出版（２０２０年）からちょうど3年ぶりの著作となります。


この空白の3年がまさにコロナ禍で、私も含め皆さんの暮らしや将来への考え方に大きな影響を与えたことだろうと思います。

私自身もさまざまな変化はありましたが、コロナ禍であっても安定的な家賃収入を得られる大家さんというお仕事には、本当に感謝しかありません。


さて、私は11年前の２０１２年に独身時代からの貯金を使い、大阪にある空き家を買って不動産投資を始めました。

当時は「融資を使って規模拡大を目指す」というアパート投資がブームになりはじめたタイミング。使われていない空き家を活用した投資（空き家投資・戸建て投資）は、どちらかといえばマニアック（!?）な存在でした。

そのころに融資を使って何億円も買った投資家さんのなかには、成功されてサラリーマンからFIREされた方もいますし、その後、活動の場を日本から世界に移した方、不動産会社を起してプロになった方もいます。

私はといえば、ひたすらコツコツと小さな投資を続けています。戸建てや団地などを貸し出す大家さん業が中心ではありますが、民泊やレンタルスペースの運営もしています。

私が行っている現金を使った投資の欠点としては、スピードが遅いことをあげられます。

しかし、実績を積み上げていくことで、主婦であっても融資が使えるようになり一棟アパートも買えました。

ゆっくりペースですが、不動産投資を始めてから8年くらいで家賃年収が1000万円を超え、今では24棟28室を所有し、家賃月収は185万円。ローン返済を差し引いた手取り収入は年間約1536万円あります。この金額は夫の年収を超えています。

購入した物件をすべて持ち続けているのではなく、タイミングを見て5軒ほど売却して、その売却益の合計は3000万円以上になりました。

それと同時に夫の名義でマイホームの住替えを2回行い、こちらも売却で利益を出しています。現在は世田谷区の某駅徒歩2分の好立地に注文住宅を建て、夫婦ふたりで暮らしています。

このように投資規模は小さいですが、現金を中心に買い進めても複数の不動産を所有できますし、売却で利益を得ることもできます。

不動産投資を始める前、時給930円のパート主婦時代からすれば、考えられないほど金銭的にも時間にも余裕を持てるようになりました。すべて不動産投資のおかげです。

ここで、まだ私のことをご存じない方のためにも、カンタンに自己紹介させていただきます。

私は大阪で生まれ育ちました。地元の短大を卒業した当時は、まだ就職氷河期が続いており、就職するのも一苦労。就活で50社受けて落ち続け、ようやく決まったアパレル会社は手取り8万円でした。

その後、リストラにあって、次に勤めた倉庫会社が月給18万円、手取り15万円と多少はマシになったとはいえ、心もとない給与に不安を抱き、飲食店でダブルワークを始めました。時給は1000円、週末に働いて月5万円を稼いでせっせと貯金していたのです。

ところが、今度は転職先の倉庫会社が倒産・・・。3社目はブラック企業で給与21万円、手取り18万円でしたが、連日、終電までの激務が続きました。

このとき、ブラック企業勤めではアルバイトもできないので、投資で殖やそうとＦＸに手を出して失敗します。金額は50万円でしたが、一生懸命に貯めたお金でしたので本当に悔しかったです。

こんな紆余曲折を経て、辿り着いたのが不動産投資です。

結婚をきっかけにブラック企業を退社し、夫の赴任先の千葉に引っ越したのですが、不動産投資を知ったのは、この少し前のこと。

独身時代、仕事に恵まれなかった私は、常に将来の不安に悩まされていたこともあり、「結婚＝一生安泰」だなんて考えられませんでしたから、不動産投資を知ったときは「これしかない!!」と運命を感じました。

大阪から千葉に引っ越してからは、不動産投資の勉強をしながら自己資金を増やすため、デパートで販売員のパートを始めました。

夫以外、知り合いもいないなか、初めての関東暮らしは精神的にも辛かったですが、店頭に立ってバッグを売りながら、家に帰れば不動産投資の書籍を読み、休日はセミナーにも行きました。

そして、ようやく買えたのが2012年の1月、大阪府吹田市にある350万円の空き家です。失敗やトラブルもありましたが、今でも安定的に家賃6万5000円を稼ぎ続けてくれています。

さて、話を戻しますね。コロナ禍で働き方が変わったこともあってか、副業が一般的になってきました。

その副業のなかでも不動産投資は広く認知されるようになり、以前のように「不動産投資をしている」と言っても「ええっ、不動産!?」と驚かれることが減ってきたように感じます。

とくに最近はSNSで不動産投資を知り、YouTube動画などで学ぶ人も増えています。わかりすい動画も便利ではありますが、大量の情報が雑多にあるため取捨選択の目が必要です。

一口に不動産投資といっても手法はたくさんありますし、私が行っている空き家投資も複数の手法が存在します。

意識していただきたいのは、不動産投資を取り巻く情報は日々変化しているということ。そのため過去の情報は、使えなくなってしまうケースもあります。

情報が古いか新しいか、正しい情報か誤った情報なのか、また「どんな人がその情報を発信しているのか」も大事です。

不動産投資で華麗なキャリアがあっても、その発信者が「この10年、不動産を買っていない」のであれば、その手法の再現性は極めて低い可能性があります。

とんでもない高利回りや、あっと驚く低価格で購入するなど私にも経験はありますが「それを誰もができるのか？」と問われたら・・・そう簡単にはいきません。

そこで本書は「初めてでも今からでもできる〝空き家投資〟の入門書」を目指して、

とにかくわかりやすく執筆しています。投資手法を学ぶと共に、不動産投資の基本的な知識が学べる点も特徴です。

実際のところ、現状では、私が不動産投資を始めたころのような物件はなかなかお目にかかれません。また、インフレの影響を受けてリフォーム費用もどんどん値上がっています。

こうした最近の市況でも、初心者が実現できる再現性の高いノウハウを提供できるように心がけました。

具体的には、次の内容について順番に解説しています。

○どうやって空き家を探すのか？（検索）
○どうやって買うの？（購入）
○どうやってリフォームするのか？（商品化）
○どうやって満室で稼働させるか？（管理運営）

○最終的に買った物件をどうするのか？（売却）

すべて主婦の私が、今でもしていることです。学んで行動し、それを継続するだけ。多額の借金も必要ありません。

不動産投資に興味を持ったけれど、限られた資金しか持っていない人。また、借金することに抵抗のある人。一気にではなく、一歩ずつ投資したい人。そんな人に向けて執筆しました。

興味をお持ちになったら、どうぞこの先を読み進めてくださいね！

舛添 菜穂子

目次

第2章 買い方 ～問い合わせから契約・決済まで～

第3章 リフォーム ～コスパよく空き家を商品化～

第4章 貸し方 ～トラブルを避けながら高稼働を目指す～

第5章 売り方 ～後悔しない出口戦略～

序章

初心者は現金で“空き家”を買おう！

❖初心者にとってハードルが低い投資法は？

私はこれまでいくつかの不動産投資をしてきました。戸建て・区分マンション・団地・アパート一棟・土地などなど。どれが正しくて、どれが不正解ということはなく、どんな投資法であっても、成功している人もいれば失敗している人もいます。投資手法でなくて、「どんな物件を選ぶのか」というのが大事なのです。

いろんな投資方法があってわからない・・・という不動産投資の初心者には、少額の現金でもできる投資をオススメしています。

安い空き家を探し出すことができれば、融資を活用せずに現金で買うこともできます。そのため融資に抵抗のある人、また融資を借りにくい人にも投資のハードルは低いでしょう。

また、アパートと比べると、入居者を見つけるときのライバルが少ないのもポイントです。

私自身、空き家を商品化した戸建て投資（以降、戸建て投資）からアパート投資に進めています。後にアパートやマンションを買っていきたい人でも、まずは空き家を購入して小さく始めてみませんか？

❖築古の区分マンションは修繕のリスクあり

戸建て投資と比較されやすいのは区分マンション投資です。区分マンションとは分譲マンションの1室を購入する投資です。

中古の区分マンションと戸建て投資は、価格帯は似ていますが、たとえ空室であっても管理費・修繕積立金が必要です。

修繕積立金が貯まっているか、共有部の管理状態はいいかというのも物件の価値を左右するため、「ただ安く買えればいい」というわけにはいきません。

空き家を購入して貸し出すのであれば、自分で責任を持ってすべて面倒をみられますが、区分マンションの場合、共有部は管理組合の管轄となり、玄関ドアを好みの色で塗ることも含め、自分の好きなようにはできません。

また、新築の区分マンションは価格が高く、利益が出にくいため投資に向いていません。主に大企業勤めの会社員や公務員、医師や士業の方など高収入の人に向けて営業をされることが多く、儲かるどころか、むしろ損をしている人も大勢います。

そもそも区分マンション投資では、単身世帯向けのワンルームマンションを対象とすることが多いですが、戸建ての場合、ファミリー世帯向けとなり部屋が広いのも利点です。

当たり前のことですが区分マンションに多いワンルームは、同じ建物にたくさん同じような物件がありますつまり、差別化が難しいライバルだらけのなかで競争力が低いので、「家賃を下げる」という手段になりがちなのです。

対して同じ価格帯でも戸建てのほうが広い物件を買えるので、まわりにライバル物件が増えにくく、入居付けしやすいため優位な状態で所有できます。

くわえて安い築古の区分マンションには、修繕費のリスクがあります。私はかつて所有していた築古の区分マンションで水漏れのトラブルに悩まされました。

配管の主流は塩ビ製ですが、昔のマンションには鉄管が使われています。鉄管はサビて劣化するので、水のトラブルが発生する可能性が高いです。

区分マンションは、共用部と専有部に分かれていますが、ちょうど切れ目になっている箇所だと、責任の所在が分かりにくいのも難点です。

管理組合か自分なのか、どちらが修理すべきかで揉めたりと、同じトラブルが発生した場合、戸建てと比べたら対応は圧倒的に大変です。

区分マンションと戸建ての共通点といえば1戸ずつ所有することで、空室になれば家賃収入がなくなってしまいます。

これが一棟マンションや一棟アパートであれば複数戸あるため、1戸が退居したとしても、ほかの部屋からの家賃収入が見込めます。ただし、一棟物件はどうしても金額が上がるため、初心者を脱して中級者になったら次のステップとして考えるのがいいでしょう。

❖まず自分の状況を確認しよう

「よし、空き家を買ってみよう！」と決めたら、不動産投資を始める前に自分自身を振り返ってみましょう。

自分がどれだけのお金を使っていて、これからどれだけのお金を欲しいのか、どれだけ貯金したいかを確認するのが最初のステップです。

現状の収入と支出、貯金にまわせている額、必要な金額など、まずは自分の状況をひと通り書き出しましょう。そうすると、目指すべきゴールが見えてきます。独身なのか既婚なのか。既婚なら子どもはいるのか、いないのか。持ち家か賃貸か。それによっても変わってきます。人によっては生活費を自分が出さなくていい場合もあるでしょうし、子どもがいる方なら教育費を自分のパート収入で積み立てている人もいるでしょう。

❖目指すべきゴールは？

私のパート時代の収入は月8万円から多くて12万円でした。まずは「パート収入を超える家賃として得たい！」というのが、私の不動産投資における最初の目標になりました。このモチベーションを維持するのも大事です。

目指すべき目標は、家賃収入で設定できるとわかりやすいと思います。

たとえば月に12万円欲しいのであれば、家賃6万円の戸建て物件が2戸必要になります。

どんな物件を購入するのかは、第1章以降で詳しく解説していますが、ここでざっくりとした目安で説明します。

前著では、300〜400万円で物件を仕上げて5万円で貸して利回り20%を目指していました。もちろん、今でも物件を安く買ってリフォームもコストを抑えて利回り20%以上で仕上げられている人もいますが、当時からは市況がだいぶ変わっているので、初心者で20%を目指すのは再現が難しくなっています。

そこで今は400万円くらいで物件を買って、極力安く100万円以下のリフォームを行って6万円で貸すパターンを基準にしてください。リフォームなしであれば利回りは18%、リフォーム後は15%くらいを目指します。できればリフォームの金額は80万円までが理想です。

【キャッシュフローの計算をしてみましょう】

家賃収入 − 経費 ＝ キャッシュフロー

戸建てが毎月、
お金を稼いでくれる!!
そのお金でまた
戸建てを買って
お金を増やすことが
できる!!
1号
2号
3号

現金で買うとローン返済がないので明瞭に計算できますが、融資を使う場合はローン返済額を加味して必要な家賃収入額を設定します。戸建ての場合はほとんど必要ありませんので私は利用していませんが、管理会社を入れる場合は管理運営費を含めて計算するのがいいでしょう。

固定資産税と都市計画税なども忘れずに含めて「キャッシュフロー」を計算します。

キャッシュフローとは、家賃収入からローンの返済や経費（光熱費・修繕費・管理委託費・固定資産税・都市計画税）などの支出を差し引いた手元に残る現金を指します。

戸建ては買った後のコストが低いので、目標家賃を積み上げていけば、キャッシュフローが増えていきます。私の場合、パート収入を超えた後は、月20万円を目標にしました。

そして30万円、40万円、50万円と達成するごとに金額を上げていき、8年間かけて月収100万円を超えることができました。

このように目指すべきゴールを決めたら、何年で達成できるかを考えましょう。私は空き家投資のスクールを運営していますが、私の生徒さんですと、3戸までは現金で買い、4戸以降で融資を使う方が多いです。中上級者では、同時に複数棟に取り組んでいる人もいます。

第1章

探し方

～毎日コツコツ空き家探し～

❖ 超重要なエリア選び

使われていない空き家を買ってリフォームをして、貸家として貸し出す戸建て投資は、空き家探しから始めます。どうやって探すか・・・の前に、どんな物件を探すべきか決めておきましょう。

まずはエリアから。確率の問題として探す範囲が狭すぎると対象物件の数が減ってしまいます。そこでエリアについて、どう考えたらいいのかを解説します。

前提として、不動産があるのは都会だけではありません。投資の対象となる空き家は日本全国にあります。

私自身は生まれ育った関西と、当時に住んでいた千葉県で探し始めましたが、どうしても物件情報が限定されてしまうため、どんどん広げていきました。そのため、東京都内も購入しますし、行ったことがない地方の町にある物件も購入しています。

私の生徒さんにも、とくに「この場所！」とこだわりのない方に対しては、日本全国に広げて探すことをオススメしています。

「土地勘がある」「縁がある」と、なんとなく安心できることもあり、昔に住んでいた場所や今住んでいる場所で探す人は多いですし、知らない町は避けたくなる気持ちもわかります。

しかし、地縁のある場所でも、現在戸建てがどれくらいの家賃で貸し出されているか答えられない人がほとんどです。とくに持ち家に住んでいた場合は、今の家賃相場がわからないと思います。

かなり昔、幼少時代や学生時代に住んでいた場所であれば、今の状況とはかけ離れている可能性のほうが大きいです。「ただ何となく知っているから安心する」という理由で選択肢を狭めることは避けましょう。

❖自宅から物件までの移動時間も気にしないこと

なかには「自宅から1時間で着ける場所」といった条件を設定している人もいますが、たとえば世田谷区から1時間で行ける場所で探すと、高額な物件しか見つかりません。

もちろん、住まいから1時間以内のところにあると便利ですが、時にはそれが足かせとなり、買えなくなってしまうこともあります。ですから2時間でも3時間でもいいと考えましょう。そもそも1時間というのも徒歩と自転車、車、電車と移動手段によって範囲が大きく変わります。

1時間以内で行けるところを探している人に理由を聞くと、たいていの方が「何かあったときすぐ駆けつけられるように」と答えますが、たとえば入居者から「雨漏りして困っています!」と連絡が来ても、自分ですぐに飛んで行き直すことはできません。大家さんとしては直せる人を手配すればいいので、1時間以内で行ける場所と限定するのはもったいないです。

先入観を捨ててなるべく広範囲で探して、まずは1戸目の空き家を買って、そこを自分の得意エリアに育てましょう。

そのエリアの物件を集中して買うと情報が集まりやすくなり、修繕や入居付けがスムーズになります。買える場所で自分のチームをつくることを目指して頑張るほうが得策です。

土地勘のないところでも、自分の得意エリアをつくり出すことができれば、全国どこでも投資ができるようになります。

❖予算はいくらがいいか

古い空き家を買うときは、物件の購入価格とリフォーム費用を合わせて考える必要があります。もちろん、お金がたくさんあれば、買える物件の幅は広がります。

1000万円を持っていたら、リフォームや諸費用込みで1000万円までの物件を現金で買うことができます。

一方、予算が100万円の方は、リフォーム費用を考えると、100万円以下の物件しか買えないので、買える・選べる物件はかなり少なくなります。

もちろん、予算は多ければ多いほど選択肢は増えますが、お金が少ないからといって大家業をできないわけではありません。あきらめずに行動していたら買える物件に出会えるものです。

私も過去に25万円の物件に出会えましたし、生徒さんも25万円や80万円、120万円の物件に出会い実際に買えています。お金がなくても、行動していたから買える物件を見つけられたのです。

逆に、ある程度のお金を使ってもいいから、東京都23区や大阪市内の物件に限定して購入したいという人もいます。東京都23区内であれば現在の市況で1000万円での購入は非常に難しく、１５００万円程度で購入される方が多いです。

このように田舎の25万円から都内１５００万円まで人によってさまざまです。

初心者ならよほどのこだわりがない限り、前述したように日本全国を広めに調べて、なるべく安めに購入するのがオススメです。

ただし、１００万円以下などの特別に安い物件を探すには、時間もかかりますし、逆に見つかった場合は人が殺到することがあります。そうなると「買うか・買わないか」瞬時の判断を求められやすいです。

そこで、現実的に購入しやすい目安として、物件価格は４００万円で考えておきます。序章でも解説したように、この金額はあくまで目安です。

４００万円以下で買ってもいいですし、エリアによっては４００万円以上が必要となるケースもあります。また、その人によっての自己資金も変わります。ですから、あくまで一つの指標として４００万円と考えてください。

❖リフォーム代込みで500万円におさめる

物件価格が400万円としたら、リフォームは100万円内、できれば50万円程度におさめるのが理想です。

そうなると物件価格とリフォーム費込みで、500万円で少しおつりが出るくらいの状態で着地することを目指しましょう。利回りの目標は15％以上です。

予算が500万円なら、そのなかで物件代金の割合が高ければ物件の質が上がっていくというイメージです。

たとえば物件が50万円の場合は、リフォーム代が300〜400万円と高くつく可能性があります。逆に同じ予算であれば、物件価格が高くて物件がなるべくキレイでリフォームが少ないほうが初心者にとって難易度は下がります。

ちなみに私が25万円で買った物件は、リフォーム費が390万円で結局400万円を超えました。ただ、7万5000円で貸しているので利回りは21・6%です。このやり方は、リフォームの見立てが難しくなるため中級者以上にオススメしています。

❖初心者はなるべく「普通の家」を選ぶこと

なるべく安い価格で買うことを目指しますが、安すぎる空き家はボロボロで初心者には、修繕できないようなケースもあります。

いくら安いからといって、建物の躯体や基礎、柱の修繕が必要な物件や、水回りを全部変えなければならないような物件は、初心者向きではありません。

DIYを併用しながら安くリフォームできる物件が王道かつ安全です。物件そのものが極端に安過ぎない物件を選び、リフォームの金額を抑えるのがなっちー流です。

激安にこだわる人たちもいますし、崩れたような廃屋を蘇らせるような投資法もありますが、それは築古再生投資という上級者向けの投資です。

かなり安く買えたとしても、リフォーム費用が多額にかかりますから、よほど建築に詳しく業者さんの手配もできる、またはＤＩＹの技術を持ち自分であらゆる修繕ができる・・・そんな人でないと難しいです。

やはり初心者に推奨するのは、表面的なリフォームで済む物件です。先日、大阪の物件を買った生徒さんが「リフォーム費用は20万円で抑えます」と決めて実現しました。残置物の撤去やキッチン交換を含めての20万円です。

ＤＩＹでクロス貼りやモルモル（水性塗料）を塗るようなことはしますが、この方のようにほとんど手のかからない物件が理想です。なおリフォームについて詳しくは第３章で解説しています。

私が不動産投資を始めた10年前は戸建て投資をする人はそこまでいませんでしたが、最近ではすっかりメジャーになっています。

自分たちでＤＩＹをしてリフォーム費用をかけないというやり方も一般的ではあり

ますが、「リフォームの仕方をYouTubeで見たけれど、実際にＤＩＹに取り組んだら難しくて挫折してしまった」ということもありがちです。

中途半端に手を入れたものを業者さんに依頼すると、普通に直してもらうよりも高くつきますし、そもそも素人が中途半端に手をつけた工事を引き継いでくれる業者さん自体が少ないです。最初から無理そうなものは買わず、身の丈に合った家を探すほうが現実的です。

❖空き家はどうやって探すの？

エリアと予算が決まれば、実際に空き家を探してみましょう。空き家を探す方法は、おもに次の５つがあります。

①不動産情報があるポータルサイトで探す

②個人の不動産会社のメルマガやＬＩＮＥに登録して情報を待つ

③不動産会社の店頭の貼り紙を見る
④不動産会社に飛び込んで相談する
⑤不動産会社から紹介を受ける

それぞれ説明しますね。

【探し方①】不動産情報があるポータルサイトで探す

インターネットでは広範囲で探すことを推奨しています。ここで紹介しているサイトは代表的なもので、ほかにスーモやホームズなどもあります。

ニフティ不動産・Yahoo!不動産・goo不動産は、いくつかのサイトの情報が混在した総合サイトです。総合サイトの前に、アットホームなどの個別サイトを見るようにしましょう。

それではチェックすべきポータルサイトについてコメントします。

・不動産ジャパン

不動産ジャパンは全国の不動産会社がほぼ加入する業界団体が運営するサイトで、レインズの情報が反映されています。

レインズとはREALESTATEINFORMATIONNETWORKSYSTEM（不動産流通標準情報システム）の略称で、建設省及び公益財団法人「不動産流通近代化センター」が共同で開発し、建設大臣から指定を受けた全国４カ所の不動産流通機構が運営している不動産情報交換のためのオンラインシステムです。

不動産会社さん専用の物件情報サイトで、元付け業者（売主さんに直接依頼されている不動産会社）が情報登録しているケースが多いです。そのため、より売主さんに近い業者さんとコンタクトが取れるのが魅力です。

・アットホーム

アットホームには安い物件が出やすいです。元付の不動産会社さんが多く、小さい町の不動産会社さんと繋がれる可能性が高いのでオススメです。

・健美家・楽待・不動産投資連合体

不動産投資の専門サイトで、収益物件をメインに扱っていますが、戸建てには力を入れていません。空き家ではなくてオーナーチェンジ（すでに入居者さんが住んでいる物件）の戸建て情報が掲載されていることが多いです。

・大手不動産会社

住友不動産販売・三井のリハウス・東急リバブル・野村不動産アーバンネットのノムコム・大成有楽不動産販売のietan（イエタン）・福屋不動産販売（関西の大手不動産会社・購入名義は個人がオススメ）などの大手不動産会社は、住み替えでいらなくなったマイホームや、近所に住む地主さんが持ち込んだ相続物件が集まっているのが特徴です。借地権や再建築不可といったマニアックな物件もあります。

レインズ連動の不動産ジャパン以外のポータルサイトでは、とにかくレインズに載る前の安い物件を一番に見つけるために新着情報を頻繁にチェックします。各ポータルサイトから新着情報のメールが届くように設定しておきましょう。

売買仲介の不動産会社さんはレインズに載せる前に決めて「両手仲介」を取りたいと思っています。

両手取引というのは、不動産の媒介仲介の成功報酬の受け取り方で、一社の不動産会社が、売主・買主ともに売買仲介をし両者から報酬をもらいます。

一方、片手取引は売主と買主の双方で異なる不動産会社が仲介します。つまり片手と両手では仲介手数料が倍も変わるため、不動産会社さんが両手取引を行いたい気持ちもわかるでしょう。両手仲介を取れるなら指値交渉に応じてくれる可能性も高いです。

ここでは、私が一番よくチェックしているアットホームでの検索の仕方を解説します。検索条件は次のように設定します。

●検索条件一覧

・「買う」のところから中古一戸建て

不動産ジャパンhttps://www.fudousan.or.jp/

アットホーム　https://www.athome.co.jp

・地域、通勤通学時間から探す
・金額は上限なしで安い順で検索
・間取り駅からの距離指定なし
・建物面積指定なし（理想は50㎡以上）

オススメの検索条件として「地域から探す」場合は、広範囲から探すことができます。「通勤通学時間から探す」場合は、たとえば東京駅から60分で検索すると田舎すぎないエリアが一気に検索できます。

価格は地方なら「1000万円以下・または上限なし」にしています。

その理由は、たとえ400万円以上の物件でも指値交渉をすることで400万円以下になる可能性もあるからです。私は過去に580万円の空き家を360万円で購入した経験があります。

また、安い金額で設定してしまうと、そもそも物件情報の数が減ってしまいます。

間取りは「指定しない」を選びます。間取りを設定してしまうと、広さが十分ある

1DKや1Kがヒットしなくなるからです。

同様に建物面積も「指定しない」です。理想は50㎡以上が好ましいですが、49・85㎡等の際どいサイズの物件や、狭くても好立地の物件がヒットするからです。まれに増築して未登記の物件もあります。

【探し方②】個人の不動産会社のメルマガやLINE公式アカウントに登録

探しているエリアでよく物件を掲載している不動産業者の自社サイトを探し、まめに閲覧してLINE公式アカウントやメルマガがあれば登録しましょう。

【探し方③】不動産会社の店頭の貼り紙を見る

不動産会社さんの店頭に貼っている売り物件情報の貼り紙をチェックします。店頭貼り紙はレインズには載っていない物件もあります。人目に触れていない分だけ、お宝物件がライバルなしで購入できるチャンスがあります。

【探し方④】不動産会社に飛び込んで相談する

アットホーム等のポータルサイトから見つけた業者さんへ直接訪問したり、電話をかけたりして物件の紹介をお願いします。その際に探している物件条件は具体的に伝えましょう。

●物件条件の例

・500万円位（極端に安い金額はNG）
・中古戸建て
・駅からの距離は気にしません
・築年数は気にしません
・再建築不可や借地も検討します

自主営業のポイントは、「難あり物件でも検討する」という姿勢を見せて、買える人であることをアピールします。また、やりとりを通じて営業マンと仲良くなるよう努めます。

【探し方⑤】不動産会社から紹介を受ける

紹介は初心者には難しそうですが意外とあります。一度内見に行く必要がありますが、物件を内見すると業者から「実は昨日こんな物件が入ったんです」「まだネットに出ていないのですが・・・」と紹介を受けることがあるのです。

たとえばポータルサイトで問い合わせて見学するなど、何らかのかたちで1回でも内見に行き、不動産会社さんとの付き合いができると個別に紹介されるので、ひとつの手として活用してみてください。

❖紹介の一軍を目指そう！

よい物件情報を手に入れる方法としては、私は紹介の1軍に入るよう心掛けています。最初の1戸はポータルサイトで情報を得たとしても、そこで不動産会社さんと信頼関係が作れたら、次からは表に出ない物件を紹介してもらえる可能性がありますから、業者さんとは、「末永く信頼関係を築きたい」という気持ちでお付き合いをしましょう。

そうすると表に出ていない未公開情報を得られるチャンスが巡ってきます。去年に買った物件は4軒ですが、すべて表に出す前の情報を得て購入しています。

表に出さないというのは、レインズをはじめ、ポータルサイトに情報が出ていないということです。私の場合はずっと買い続けているからこそ、表に出さない物件を紹介してもらえるようになりました。

たとえば私と同じように安く買っている投資家さんでも、交渉の最後に物件の欠点を指摘して「安くしてほしい」とごねるなど強引な指値をするタイプの方もいます。このように悪い爪痕を残していたら紹介はしてもらえません。

不動産会社さんは誰に対しても平等に物件を紹介するわけではありません。「自分さえよければいい」という人はとくに初心者に多いのですが、そんな気持ちでいるとよい情報は来ません。

単純なことですが、業者さんに「古い！」「ボロい！」と文句を言わずに、「古くてボロいから安いんだ」と納得して買うのも大切です。

また、不動産会社さんの要望に答えることもポイントです。業者さんのなかには、司法書士など「知り合いを使って欲しい」と言ってくる方もいます。多少高くはなっても、私はなるべく要望を引き受けるようにしています。そうすることで、安い物件が出たときは「なっちーさんに紹介しよう」と思ってもらえます。

なお、不動産投資スクールやコミュニティのなかには、提携業者さんがいたり、主宰者からの物件紹介があったりするケースもあります。ある程度、精査された物件情報が共有されているのであれば、積極的に利用したらいいと思います。

紹介を受けたら、自分が買えない場合でも「買いたい人」を探すのも業者さんとの関係性をよくする一手です。

私のスクールでは不動産会社さんからの物件情報をメンバー内に共有しています。みんなで買うスタイルになると、業者さんから「買える人たち」と認識してもらえ、業者さんとの信頼につながるので大事にしたいです。

今年は表に出さないタイプの業者さんから情報をいただいて、北軽井沢の別荘地にある空き家を購入しました。これから民泊として活用予定です。民泊は過去に大阪や都内で運営したこともありますが、リゾート地では初めてでわくわくしています。

なお、民泊と不動産投資を組み合わせて行う投資については、新山彰二さんの新刊『インバウンド需要をチャンスに変える！　民泊×不動産投資』（プラチナ出版）が参考になります。

【北軽井沢の空き家】

❖ライバルに差をつけるニーズリサーチ

賃貸需要、賃料の相場、街の開発や再開発の予定・動向など、まずはインターネットで調べます。ポータルサイトで似たような物件を検索し、賃貸相場を把握します。

次に不動産会社に実際の入居付けについてヒアリングします。

欲しい物件と似たところが5万8000円で出ていたら、「5万8000円で本当に決まるのか？」「もっと高くても貸せるのか？」といったように、自分で得た情報を基準にヒアリングするのです。

極端に異なるときは、「ネットで似たような物件が5万8000円で出ているのですが、なぜでしょう。何か差があるのでしょうか？」と聞くこともあります。そうすると同じエリアでも、場所によって人気に差がある理由を教えてもらえます。

業者へのヒアリングは直接赴いて話すのがベストですが、とくに安い物件はスピード勝負です。じっくりヒアリングしている時間すらないこともあります。

そこで電話でヒアリングを行います。ヒアリングの件数は多いほうがよく、最低3件は必要です。問い合わせ先としてはエイブルやアパマンショップ、ハウスコムといった大手を推奨しています。

たとえば駅の北側は山で起伏があり人気がなく、南側は平たんでスーパーなどお店があるから住みやすく人気があるといったことがわかってきます。

「利便性が高く、家族に向いているエリアだから家賃が高い」といったポジティブ情報だけでなく、「開かずの踏切がある」「橋を渡るのにすごく時間がかかる」など、実際に住まなければわからないネガティブ情報も得られます。

ヒアリングする不動産会社の探し方は、Googleマップやホームページを検索します。エリアによっては大手が見つからないこともあるでしょう。その場合はGoogleストリートビューを確認して賑わっていそうなお店を選ぶようにしてください。

たとえば大阪の福屋不動産のように、エリアによっては地元で有名なチェーン店がありまず。自社サイトの店舗案内を見れば店舗数がわかるでしょう。支店が5店舗もあれば大手と判断して問題ありません。

市内にあるお店、Googleマップでとても賑やかかつ立派な雰囲気を醸し出しているお店、その他にも、駐車場が広いお店や旗がたくさん立っているお店もオススメです。Googleストリートビューなどネットを活用して探すことで、家にいながら探せます。

基本的には、賃貸を専門にしている不動産会社ほど、賃貸物件の情報を持っています。ただし、ある程度の都会であれば賃貸専門店がありますが、地方や郊外ではそのような店舗がない場合もあります。

地方では、売買と賃貸を両方しているお店も多いですが、賃貸をメインにしている不動産会社を選ぶのも重要です。

ホームページに賃貸用の物件がたくさん出てくるお店は賃貸仲介に強いです。逆に売買を推しているところは、賃貸に弱いケースもあるので注意しましょう。

なお混み合った時間帯に電話をかけてしまうと煩わしく思われ、「今は忙しいから」とぞんざいにあしらわれることもあります。疎まれると皆さん凹んでしまいますが、時間を変えてアタックするのがオススメです。できれば週末は避けるほうがいいですが、内見が翌日のときは土日でも電話しましょう。

❖謙虚さが感じられる話し口調を意識

ヒアリングでは、謙虚さが感じられる話し方を意識しましょう。私のスクールでは、ヒアリングリストや電話のかけ方マニュアルも紹介しています。読者限定で「電話のかけ方マニュアル」をプレゼントしますので、本誌最後のＱＲコードから私のブログをチェックしてくださいね。

さて、ここでは概要をお伝えしますが、「お忙しいところ申し訳ありません」から始まり、「これから不動産投資を始めようとしています」と続けるのがコツです。

まずは自分で事前に調べたとは言わず、「○○町△丁目にある物件の購入を検討しているのですが、家賃設定はいくらくらいが適正でしょうか？」と家賃についてヒアリングします。このとき、自分で調べた家賃については話しません。

情報が、調べたものと極端にかけ離れている場合は、「実は今、××サイトで３万円と書かれているのを見たのですが、なぜ××サイトでそんなに安いのでしょう？」と聞き進めていきます。

とくに検討物件と似たような物件を出している不動産会社であれば、決まらない理由や内見数、どのくらい空いているかまで詳しく聞き取っていきます。

１カ月で内見が10件もあり、家賃もそこまで高くないのに決まらないのであれば、何か理由があるはずです。「需要があるようですが、なぜその金額で決まらないのですか？」としっかり確認していきます。

地方物件の決まらない理由でもっとも多いのは「駐車場」です。駐車場が足りない、停めづらい・・・などの原因がほとんどです。ほかにも大きい車が入らない、見通しが悪い、屋根が邪魔になっているケースもあります。

不動産会社さんには駐車場の必要性だけでなく、地方だと最低2台という場合もあるので、必要な台数まで聞き込みます。

たとえ停められる台数が少なくても、近くに駐車場があるなら問題ありません。近隣の駐車場については自分でもネットで調べられますが、不動産会社さんが詳しく知っているので聞くのが手取り早いです。

そして、近所に駐車場があることが分かれば、借りられるか確認しましょう。とくに、検討物件に駐車場が1台しかない場合は速やかに押さえておくべきです。

ただ、戸建てに入居する人は実にさまざまなので、駐車場の足りない物件を買ってしまったとしても、絶対に入居付けができないわけではありません。家賃を下げるとすぐに決まることもあります。

私の生徒さんには埼玉郊外で、リフォーム込み５００万円弱で仕上げた物件で、駐車場が２台必要なところ、１台しかないのに家賃８万円台で入居が決まったケースもありました。

いずれにしても、決まらない理由が物件特有のもので解決できるのであればいいですが、解決できそうもなければ見送るケースもあるでしょう。ここまでリサーチを徹底するとライバルに差をつけられるはずです。

コラム ワケあり空き家の注意点

本文で紹介した再建築不可、借地権の物件について、補足の説明をしたいと思います。再建築不可の物件とは前述したように、「建築基準法の接道義務を満たしていない、建物を建て替えることができない土地」を指します。

●再建築不可の例

・建築基準法上の道路に接していない(接する道路が私道や水路など)
・建築基準法上の道路と接しているが道路の幅が4m未満
・建築基準法上の道路と接しているが接する幅が2m未満

接道が私道の場合は通行権（人や車両が無償で通行する権利）と掘削権（ガスや水道の配管の埋設や引き込み工事を行う権利）の承諾書の有無を必ず確認しましょう。これがないとトラブルになったり売却がしにくくなったりする可能性があります。接道はしているが接する道路の幅が4m未満の場合、セットバック（道路側の土地を後退させること）で、接道義務を満たせるケースもあります。

借地権とは、建物を建てるために地代を払って他人から土地を借りる権利です。借地権には種類があり、借地権の賃借権にも種類があります。私たち不動産投資家が購入する物件は旧法賃借権であることが多いです。旧法では契約を地主からの解約や更新を拒絶することが難しいため、借地人にとっては有利で地主には不利な制度ともいえます。

●借地権の種類

・賃借権・・・第三者に建物を売却する時は地主の承諾が必要
・地上権・・・地主の承諾なしに売却が可能

●賃借権の種類

・旧法賃借権（旧借地法）・・・1992年8月1日の借地借家法施行以前より存在する借地権で、借地法に基づいて設定された借地権
・新法貸借権・・・借地借家法に基づいており普通借地権と定期借地権の2つの区分がある

第2章

買い方

～問い合わせから契約・決済まで～

❖人気の物件はスピードが命

相場よりも割安な物件、とくに価格が低い物件には投資家が殺到します。場合によっては、物件の内見をせずに買付証明書（購入意思を示すため、売主に提出する書類）を出す人もいます。

買付証明書は一般的には先着順ですが、なかには「内見をした人順」「融資を使う場合は、融資審査の結果が出た人順」、たくさんの買付が入ったら「高い値段で買ってくれる人」が優先される場合もあります（買い上がりと言います）。

いずれにしても人気のある物件はスピード勝負となります。そこで、購入すべきかどうかの判断を迅速にしなくてはいけません。

本章では「この物件はいいな！」という空き家を見つけてから購入するまでを解説します。

❖ まずは問い合わせリストを作成する

よい物件を見つけたら、まず問い合わせリストをつくります。初めて電話をするときは担当者が出るとアタフタしてしまいますので、あらかじめ確認事項をリストにまとめておくのです。

紙を用意し、インターネットで得た情報を見ながら、問い合わせたい物件の情報を書き出してください。物件価格やエリア、○○市の△△駅といった情報はもちろん、物件名や番号、担当者名も書き出します。

いつ売りに出たか、リフォームにどれくらいかかりそうか、修繕履歴があるか、売主さんはどんな人か、売却理由

【問い合わせの例】

・いつ売り出しを開始しましたか？
・これまでに修繕はされたことがありますか？
・リフォーム費用はどれくらいかかりそうですか？
・どんな経緯で売りに出されたのでしょうか？
・ほかに問い合せはきていますか？

や売却に至るまでのエピソードなどです。ほかに、買付や問い合わせが来ているかも聞けるといいでしょう。

問い合わせに慣れているのであれば、リストをつくる必要はありません。初めて電話をするときは緊張しがちですし、相手もすべての物件を把握しているわけではないので、リストをつくると聞き漏らしがなく安心ですが、「内見のときに聞いてください」と言われるときもあります。もちろん全部聞けなくても構いません。

❖問い合わせのゴールは内見の約束をすること

問い合わせで一番大事なのは、内見のアポ取りです。

安い物件について初心者が問い合わせると、「本当に買うのか？」と業者さんが疑念を抱いている感じを受けることもあるでしょう。

本来なら普通に内見できるはずですが、すぐに受け入れてくれず「面倒な客」という対応をされることもあります。私も大家業を始めたばかりの頃は、内見の約束をするのに苦労しました。

「自社のホームページにある物件写真をくまなく見て、それでも見学したいなら改めて電話してくるように」と念を押されたこともあります。すべて見て「やはり買いたい！」と再度電話をしたら、「もうほかで決まったから」と断られてしまいました。

電話ではなかなか話が進まない場合も多々ありますが、本気度を見せて買える人であることをアピールするしかありません。

「ネットでしっかり見て場所も調べましたし、買う決意をほぼ固めています！」「〇〇〇万円をすでに用意していて、現金ですぐ買えます！」と伝えると、真剣なお客だと理解してもらえて、内見に持ち込みやすいので試してみてください。

❖問い合わせた当日に内見するのがベスト

内見の約束は早いほうがいいです。できれば問い合わせた日に行けるのが一番です。とはいえ仲介の不動産会社の営業担当さんの都合もあるので、問い合わせた当日に内見するのが難しいケースもあります。

物件が空き家ではなくて居住中の場合は、売主さんの都合もあるので先延ばしにされる可能性もありますが、その間にライバルがどんどん増えるので、相手の都合に合わせながらも、なるべく早い日程で設定しましょう。当日が難しければ翌日に内見してください。

平日に時間が取れない人は、内見の時間を確保できる週末の前日である金曜日の夜に集中して物件を探すのも手です。よい物件を見つけるのは難しいかもしれませんが、毎週続けていればチャンスはあります。

私の生徒さんにも、土日は必ず内見に行くと決めている方がいました。上手にスケジュール調整を行い、週末に10軒近く内見をして物件が買えました。マメに内見に行っていると物件を見る目が養えますし、不動産会社さんからの紹介が回ってくるようにもなります。

❖取り寄せた資料の見方は？

不動産業者さんに物件資料をお願いすると、物件情報を1枚の紙にまとめた物件概要書が送られてきます。

ここでは、そのマイソクのチェックポイントを勉強しましょう。

●売買価格

売買価格はあくまで売主さんの希望価格で、売れ残っていれば、徐々に下がっていくものです。また記載してある金額から値引いた金額を指定すること（指値）もできます。

●**所在地**

最寄駅から物件の距離、地図などが掲載されています。気を付けるのは、不動産取引の場合は「住居表示と地番」の2種類の住所があることです。

・住居表示・・・普段使っている住所のことで、グーグルマップで住所を検索すれば、駅からのルート、近隣施設など大抵のことがわかります。

・地番・・・法務局に登録されている住所です。マイソクに地番しか記載されていないときは、住居表示を確認しましょう。

●**土地の面積、権利関係**

次に土地の面積と道路付、所有権か借地権かなどの権利関係を確認します。割安な物件の場合、借地権や道路付が悪く再建築不可（建て替えのできない土地）の場合もあります。

道路付とは土地に接している道路のことで「接道」とも言われます。道路付によって土地の価値が上がったり下がったりします。

建築基準法上に定められた２ｍ以上の道路に接していない土地には原則建築はできず、再建築不可物件となります。私の場合は再建築できることが希望条件ですが、それは絶対ではありません。

とくに東京23区内であれば、安く買えることが多い再建築不可物件は、むしろ狙いめだと考えています。再建築不可は建て替えできませんがリフォームはできます。

●都市計画、用途地域など

マイソクを見ていると「都市計画」「用途地域」「建ぺい率」「容積率」といった耳慣れない専門用語が出てきます。ちょっと難しいのですが、不動産投資の基本の部分になるので頭にいれておきましょう。

・都市計画・・・「市街化区域」「市街化調整区域」にわかれています。市街化調整区域は原則、建物を建てることが認められない地域となりますが、実際には建替えが可能な調整区域もあります（市に確認しましょう）。

売却などの出口を考えれば、市街化区域で購入するほうが良いですが、市街化調整区域ということで、割安で買うこともできるため、デメリットを知ったうえであえて狙う・・・というのも再建築不可同様にアリだと思います。

・用途地域・・・市街化区域には「用途地域」といって建築基準法と連動して、建築物の用途、容積率、構造等に関し一定の制限を加える制度があります（12種類の用途地域の表参照）。市街化調整区域は「市街化を抑制する区域」であり、用途地域を定めないことが原則です。

・建ぺい率／容積率・・・どちらも敷地に対する建物の規模（大きさ）を規制するものです。建ぺい率＝敷地面積に対する建築面積の割合。容積率＝敷地面積に対する延べ床面積の割合です。その敷地がどの用途地域に属するかによって、建ぺい率・容積率の制限が異なってきます。

用途地域が第一種低層住宅専用地域は、大きな建物がない環境のよい住宅街が想像できます。商業地域であれば、ビルが立ち並ぶ賑やかな立地です。

建ぺい率や容積率が規定を超えている物件は「違反建築物」または「既存不適格建築物」と呼ばれ、違法建築の物件とみなされます。これも借地権や再建築不可物件と同じく、安く買えるポイントにもなります。

●建物

肝心の建物についてです。激安な空き家の場合は、大抵は築古物件になりますから、建物は価値がないものとみなされます。

とくに「古家付の土地」として売られている場合は、建物の情報があまり記載されていないこともありますが、次をしっかり確認しましょう。

・構造・・・木造が多いです。
・面積・・・どれくらいの広さか、を確認します。

・築年数・・・10年程度から築年数不詳というものまで幅広くあります。
・建物の状態・・・戸建ては築年数よりも、どれだけメンテナンスされているかです。古くても水回りを改装している、屋根を直しているなどあればよいポイントです。
・インフラ・・・上下水道、ガスがどのような状態か。地方では公共下水道が整備されていない地域もあり、その場合は浄化槽となり、ランニングコストがかかります。またガスも都市ガスでなくて、プロパンガスが一般的です。

●売主と不動産会社の契約

売主さんと不動産会社さんが取り交わしている媒介契約の種類が書いてあります。売主さんは売買仲介を依頼するときに、次の3種類のなかから選んで契約しています。

・一般媒介・・・複数の不動産会社に売買仲介を依頼できる。
・専任媒介・・・一社だけに売買仲介を依頼するが、自分で買主を見つけてもOK。
・専属専任媒介・・・一社だけへ売買仲介を依頼。

簡単にいうと売却するときに「いろんな会社に頼む」か「一社にお願いする」のかという違いなのですが、この契約種類の記載が「専任」となっているとよいです。

専任ということは元付業者です。元付というのは、売主から依頼された仲介の不動産会社さんです。売主さんに近い存在なので指値交渉をしやすいですし、売主さんに直接聞いてもらえるのでさまざまな情報が詳しくわかります。

業者さんとしても第1章で解説したように両手仲介したほうが高報酬なので、まとめたい気持ちが強いのです。私も実際に経験しましたが、同額で買付が入っていたら、先に他社さんに入っていても元付が優先されるケースもあります。

この物件概要書のほかに、固定資産税評価額がわかる資料や登記簿謄本のコピーなどが送られてきます。登記簿謄本を見ると、どこの銀行でいくら借入をしているかわかり、残債が残っているケースでは「大幅な値引きは難しいだろう」といったことが推測できます。

❖一緒に移動して自分を印象付ける

内見の待ち合わせは、不動産会社さんのお店に行くのと現地集合の2パターンあります。どちらでも問題ありませんが、お店で待ち合わせると物件に行くまで業者さんの車に同乗させてもらえるケースが多いです。

2人きりの移動になると大抵「なぜ大家業をしたいのですか?」と聞かれるので、移動中は自分をアピールする絶好のチャンスです。

このタイミングで、どういう想いで不動産投資をやっているのかを、しっかり伝えましょう。自分が空き家投資にこだわる理由や、やりたい気持ちを話せるので印象をアップできます。

私が大家業を始めた当初は、勤めていた会社がブラック企業で倒産。リストラに遭い、結婚で新しい地に引っ越したこともあり、うつ病になったという話をしました。

私はガチガチの関西人なので、関東の言葉遣いに馴染めなかったのです。知り合いが一人もいない環境のなか、夫はずっと仕事で「いったい私は何をしているのだろう・・・」と泣き暮らしていました。

そのような状況だったのですが、不動産投資に出会い、自分の生きている意味を見出せたのです。このように自分について素直に話すと、共感してもらえたり応援してもらえたりします。どのようなことを語るかは、事前に考えておいてください。

なお現地集合する場合でオススメの移動手段は、「行きはタクシーで帰りは歩き」です。タクシーでは運転手さんと話せます。当たり外れはありますが、運転手さんは町の事情を熟知しているものなので情報収集にはうってつけです。

帰りは実際に歩いてみて、坂の有無や近隣にどういったお宅があるのか、駅までの道が明るいかなど、ネットからはわからない町並みの感覚を調査しましょう。

❖内見では室内・水回り・外観をチェック

内見では大きく分けると室内と水回り、外回りの3つに分けてチェックします。室内で確認するのは、具体的にはふすま・建具・障子・壁・床・床下・畳・分電盤（アンペアの確認）・エアコンです。

水回りはキッチン・洗面台・洗濯機置き場・浴槽・トイレ・浄化槽・ガス関係です。流し台は、たとえばステンレスがはがれて錆がひどい、扉が汚れているなら交換したほうが安上がりかなどを考えながら見ていきます。ひとつずつ、そのまま使えるか、清掃で済むか、交換が必要かを確認していくのです。

ガスはプロパンガスなのか都市ガスなのかをチェックしましょう。たとえばプロパンガスであれば給湯器を貸与していただけることもあります。

【内見チェックリスト（一部抜粋）】

●室内

・床（傾き・床の状態）
・床下（シロアリ・腐食・湿気）
・天井（雨漏りチェック、2階天井、天袋）
・窓枠（木製・アルミ）
・建具、窓、網戸、雨戸の開け閉めをする
・押入れの床の強度
・壁紙、襖、畳の状態

●水回り

・お風呂（浴槽の種類）
・トイレ（洋式・和式）
・キッチン（汚れ・サビなど）
・洗面台（古めかしさ）
・給湯器（年式の確認）
・浄化槽、汲み取り
・井戸（井戸の種類）

●外回り

・軒天の状態（剥がれていないか）
・基礎、外壁のクラック
・擁壁の有無
・境界のポイント、杭の有無

外回りは外壁、基礎にひび割れはないか。剥がれたり外れたりしているところがないかを見ます。また駐車場の有無、たとえ駐車場がない場合でも、「塀を取り壊せば1台停められそうだ」といったことを確認します。

現地調査では、写真や動画を撮るのを忘れないでください。動画と写真があると帰宅後もじっくり見ながら検討できます。

写真は100枚以上撮るようにしましょう。できれば広角レンズで撮れるのがベターです。スマホに広角の機能がなければ、外付けのアイテムを使い広角で撮ります。たくさん撮ったつもりでも、見落としていることはありがちですが、広角撮影であれば写真を広げて確認できるため便利です。動画はあとで見返しやすいよう、ゆっくり撮ってください。

くわえて内見の際には漏水チェックを必ずします。

基本的に現場で撮影し、あとで写真や動画をじっくり見て確認しますが、漏水チェッ

パイロットは真ん中より少し左寄りにある丸いパーツ

クなどは現場でなければできません。
漏水チェックは、すべての部屋の蛇口を締めている状態で、水道メーターの水栓を開いて行います。

水道メーターには水量を測るだけでなくて、水が使われているかどうかを確認する機能があります。そのための部品をパイロットといいます。

水道メーターのなかにある、小さくて丸いパーツがパイロットです。それが、水が流れるとプルプルプルと時計回りに動く仕組みになっています。蛇口を閉じているのにパイロットが動いていたら、どこかで水が流れている証拠です。

もちろん、きちんと業者さんに見てもらわないと正確にはわかりませんが、漏水している可能性が高いので配管交換まで想定し、お金がかかることを覚悟しておく必要があります。

業者さんを呼び、漏水チェックをすることもできますが、内見のタイミングでそれをするのは難しいですし、売主さんの許可を得る必要があります。

❖アピールして買いそうな雰囲気を出す

内見では、物件の調査をしながら、「私はいいお客さんですよ！」というアピールをします。

たとえば退職や相続などまとまったお金が入った人であれば、ちゃんと伝えてください。仲介の不動産会社さんからは聞いてこないような話ですし、こちらからわざわざ言うのは躊躇（ちゅうちょ）するかもしれませんが、「退職金が入ったのをきっかけに大家業を始めたいのです」と言ってみるといいでしょう。

配偶者が公務員や上場企業にお勤めしている、またご自身がフルタイムで働いているなど、不動産会社さんから見て優位に働きそうな要素があれば、なんでも伝えておきます。

このように買えることを何かしらアピールして「この人は買える」と印象付けることが、次のステップである買付証明や指値交渉につながります。

❖近隣の住民はどんな人か？

心配なのは、近隣とのトラブルです。現地調査のときは、ぜひ近隣チェックもしてください。

たとえばゴミ屋敷が隣にあると入居付けに苦戦する可能性が出てくるので、よほど安く買える物件でなければやめたほうがいいです。

また、臭いのチェックも大切です。近くに養鶏場や養豚場がある場合も、ネガティブ要素として働きます。

一番よい調査方法は近所の人に話を聞くことです。内見の前後で人が通りかかったら笑顔で「こんにちは」と挨拶しましょう。反応がよければ「この家を買おうか検討中でして・・・、この辺りの住み心地はいかがですか?」と話しかけるのです。「スーパーはどこに行くのですか?」など、普通に住もうとしている感じで会話をしてください。そして最後に「ちょっと厄介な人とか住んでいないですか?」と聞きます。

その人が当人であればアウトですが、厄介な人がいると大抵の人が迷惑に感じているので、「あそこの家は、いつも音がうるさいのよ」と教えてもらえます。

私自身、厄介な隣人に遭遇したこともありますが、気づいたのは買った後でした。厄介な隣人がいるからといって入居が決まらないわけではありませんが、入居者から苦情が出ることがありますので気を遣う必要が出てきます。

苦情が出たときは、すぐに手土産を持って謝りに行くなど、迅速な対応をし続けると入居者さんは納得してくれることが多いです。

大家の責任ではないとはいえ、入居者さんにご不便をかけるため、私が仲裁に入ったこともあります。

トラブルになった理由は隣家のバイクが家の前に置かれていたからです。長らく空き家だったため、ずっと置かれていたのではないかと推測します。

このままでは入居者さんの迷惑になるため、強く抗議するのではなく、「ちょっとすみません」と謙虚に声をかけて、公図を見せながら私の土地であるという説明をして納得いただきました。

なお近隣チェックの際、隣人の家へ訪れてまで「住み心地はどうですか？」と聞くのはやめましょう。売主さんに伝わると印象がよくないので、通りすがりの人に話しかけるレベルにとどめてください。

通りがかりの人へのヒアリングは、できれば仲介の不動産会社さんと別れてから、もう一度現地に戻って行います。なぜなら仲介の不動産会社さんに「細かく調べまわる人」と印象付けないほうがよいからです。

❖内見の前後で現地の業者に直接ヒアリングする

地元の不動産会社さんへのヒアリングは、物件探しの段階で電話でもしていますが、せっかく行くのであれば改めて直接聞きましょう。

事前に電話をしたところだけでなく、最寄りの駅前にある小さな不動産会社さんで聞くのもありです。

ただし、地方になると駅前に不動産会社がない場合や、遠く離れていて車でないといけないような場合もあります。その際は行かなくても大丈夫です。

不動産会社さんよりも、近所の人へのヒアリングのほうが重要です。近所の人へのヒアリングは現地でなければできません。ぜひ笑顔でしっかり聞いてくださいね。

❖買付け・指値交渉

内見の結果、「この物件を買おう！」と決めたら買付け・指値交渉に進みます。買付け・指値交渉は大家業の肝です。ここからは、なっちー流の指値交渉術をお伝えします。

【指値交渉術①】まず褒める！

指値交渉は、雨漏りや白アリなど物件の粗を探して行う人もいるようですが、私はあまり推奨しません。

「物件をすごく気に入ったからぜひ買いたい！」という方向のほうが好印象ですし、内見時は売主さんが立ち会っている場合もあります。売主さんがいなくて業者さんと2人であればまだしも、売主さんの前ではあまり悪いことを言わないほうが賢明です。

売主さんがいるときは、むしろ褒めたほうが粗は出てきやすいです。

日本人にありがちですが褒められると謙遜するので、よくない箇所について話しやすくなるのです。ですから粗を探したければ褒めましょう。

庭にお花が咲いていたら「キレイなお花を育てているんですね！」と誉めるのです。それこそ、貼ってあるシールでもいいです。「このシールかわいいですね」と誉めてください。そうすると、「この裏、実は穴が開いていて隠しているのよ」とポロっと本音が出てくるものです。

【指値交渉術②】交渉は内見時にスタート

初心者にはなかなかハードルが高いものですが、指値は早い段階のほうが通りやすいです。内見の際など、なるべく早いタイミングで行いましょう。早いほどライバルが少ないですし、お互いのテンションが上がっているためスムーズに進む可能性が高まります。

あとからメールや電話で指値をすると売主さんに考える時間を与えてしまいます。今は大幅な指値も難しいご時世ですが、それも言うだけならできます。たとえば「７００万円を４００万円に交渉する」としても、内見直後に言うのとあとからメールで伝えるのとでは印象が違ってきます。

大幅過ぎる指値に対して怒る方もいますが、その場合は「そうですよね、すみません」といった感じでさらりと対処しましょう。「では、いくらくらいなら？」と聞き、そこから交渉を始めます。

これが、メールで大幅な指値をして気分を害してしまうとフォローのしようがありません。口頭であれば、その場ですぐ謝るなどリカバーできます。

【指値交渉術③】理由を添えること

多くの本に書いてある通り、指値をする場合は理由を伝えるようにしましょう。

理由は、さまざまなパターンを考えておくのがオススメです。「生活保護の方はお家を借りづらい状況なので、そういう人たちにも借りてもらえる賃貸業をしたい」といった夢を物件までの移動中に語っているなら、だからこそ「低家賃で貸さなければならないので安く買いたい」という理由付けができます。

「キレイなお部屋だと思いますけれど、まだ明確には分かりませんがリフォーム費用も必要ですし、家賃を抑えなければならないので、そのためにはこれくらいで」と話しながら、その場で電卓を叩くのがいいでしょう。

「家賃は4万円で、リフォーム費はおそらく100万円で・・・」と呟きながら計算し、「そうすると、これくらいで買わないと・・・」と見せると、結果的に大幅指値になってしまったというような印象になります。大幅な指値をするための理由は、きちんと話せるようにしておきましょう。

【指値交渉術④】指値のトークをあらかじめ実践練習しておく

自然に話せるようになるには練習が必要です。セールスマンも、いきなり最初から成約を取れるわけではありません。皆さん、練習して上手に話せるようになっています。「大幅指値はしてはいけないもの」というマインドを自分のなかにつくってしまうと、そもそもできません。いざ言い返されたとき、スムーズに対応できるようになりましょう。

そして、実際に指値の稽古をしてください。今は、自分の希望するエリアと値段で買える市況ではありません。「当たって砕けろ」の精神で大幅な指値が通ったら、ラッキーと捉えるべきです。

【指値交渉術⑤】現金払いだと指値交渉が通りやすい

指値交渉は、「現金で買う！」というと通りやすくなります。

買付けには法的効力がなく、あくまでも「私はこの値段で買います」という意思表明の書面です。ですから、自分が1番だったとしても次にもっと高く買う人が現れたり、自分が融資を使う場合に後から融資を使わない人が現れたりすると、抜かされることもあります。

抜かされないためには現金で買うのが一番です。現金に勝るものはありません。また、現金だと指値の通る確率も上がります。

相続税の支払いが迫っている人や、自営業者など資金繰り目的で売る人は、とにかく現金を早くほしいのです。転売業者も、現金を回していかなければならないので安くなる可能性が高いですし、最初から指値を見越して、少し高めに出ていることがあります。

【指値交渉術⑥】押戻しの「手打ち」を考えておく

指値の押戻しがあった場合、どこで手打ちにするかもポイントです。判断基準は、その金額できちんと収支が合うかどうかです。

そのため指値の前に、いくらなら買うかを決めておきましょう。ただし、すぐ相手には言わず自分の中にとどめておきます。

その際に、金額をきっちり決めずある程度の幅があったほうがよいでしょう。たとえば、350万円で希望していた物件に対して360万円と返ってきたら私は買います。10万円単位でガチガチに指値をする人もいますが、数十万円程度くらいはリフォーム費で調整するという気持ちでいたほうが買える可能性が高くなります。

希望の利回りに固執しすぎると、「少しでも安くしたい・・・」という気持ちが湧くこともあるでしょう。たしかに利回りは基準になりますが、結局は入居が付かなければ意味がないのです。

家賃は予想している以上に動きますし、18％と21％の３％の差は、「具体的にいくら違うのか」という話もあります。

売却については章を改めますが、７００万円で売れるか７５０万円で売れるかというのも意外と上下しますので、細かい数字にこだわるのはあまり意味がありません。

【指値交渉術⑦】絶対にしてはいけないＮＧ指値

ここまで指値を成功させるためのノウハウを書いてきましたが、逆に絶対にしてはいけない指値の仕方もあります。それは後出しの指値です。

私自身の失敗エピソードを紹介しますね。私が1戸目に買った戸建ては大阪にあります。

もともと500万円の物件で、「400万円までは下がるかも」とあらかじめ言われていました。私はエラそうにも「はい、そうですか」とそのまま受け取ることはせず、さらに指値をしました。

というのも、いろいろな本を読むと先輩大家さんはとても安く買っていますし、頑張って交渉するものだと思い込んでいました。その結果、売主さんから360万円とのお答えをいただきました。

「これで成立しますよね？」という雰囲気だったのに、そこから私は「そういえば給湯器が古いですよね・・・」と、給湯器が10年以上経過していることを理由に、さらに10万円の指値を求めたのです。

まさに初心者にありがちですが、私はそのとき「運命の物件を買いたい！」という気持ちを強く持っていました。内見に行っては「ここが違うからダメ！」「もうちょっと安く買いたいからダメ！」を繰り返し、なかなか「これ！」というものに出会えません。理想に近づかせるために、より安く買いたいと最後の最後に10万円の交渉をしたのです。

売却も経験した今なら売主さんの気持ちもよくわかりますが、この後出しは一番やってはいけないパターンです。あのときの自分を振り返るたびに恥ずかしくて後悔します。

指値というのは、「少しでも安く買いたい」「この利回りで仕上げたい」といった自分の事情ももちろんあるわけですが、売主さんの事情に大きく影響されます。「安くてもいいから早く売りたい！」という売主さんなら指値がスムーズに通ります。

現金ですぐ買ってくれる人というのも、売主さんからするとありがたいものです。

逆に、話をひっくり返すような指値交渉は、本当によくありません。

私は最初の物件で嫌われる交渉をしてしまったのですが、そのときは悪いとは感じず、むしろ「下がってラッキー」という気分でした。ダメだと気づいたのは、契約当日の売主さんの雰囲気を察したときです。

契約当日は、お互いにすごく嫌な感じになってしまいました。場合によっては売主さんの気分を害して売り止めになって売買契約が白紙になったり、業者さんに嫌われてしまったりと、最悪な結果を生むのでくれぐれも避けてくださいね。

安く買うのは重要ではありますが、次につなげるためにはお互いに気持ちよく買うことを心がけましょう。

【指値交渉術⑧】売主さんに手紙を書くのもあり

売主さんへの「お手紙作戦」の意見は分かれますが私は推奨しています。

「お手紙作戦」とは、売主さん宛てへお手紙を書くことです。内容はそのときどきで異なりますが、手順としてはまず売主さんの状況を確認するところから始めます。内見中の会話で出てくる場合が多いのですが、売主さんが家を売ることになったのには理由があります。

相続での売却なのか住み替えなのか、急いでいるのか。また、「引っ越しまで間があるので待ってほしい」という売主さんもいます。それらの事情から、どういう想いで住んでいたかをくみ取り、その気持ちに対してアプローチするのです。

家を大事にしていた方ほど、その想いがたくさんあるでしょう。

古くなり使われなくなった家をリフォームしてキレイにして、新たに住む人を見つけることで家が息を吹き返します。家を譲っていただけることへの感謝も含め、自分の考え方やこれからしたいことを丁寧に書き綴ります。

不動産投資は事業ですから、利益を得る行為ではありますが、それだけでなく「使われなくなった家を活かしてよい住まいを提供したい」という気持ちも伝えてください。

もちろん、人によっては響かないこともありますが、チャレンジするのは無料ですし、実際にやってみないとわかりません。

指値を通すことを目的としたお手紙作戦のコツは、テンプレートでなく自分の言葉で書くことです。「こう言えば下がりやすくなるかもしれない」という文章には、どうしてもわざとらしさが出てしまいます。

【指値交渉術⑪】不動産会社さんを味方につける

指値の成功はもちろんのこと、不動産投資を成功させるためには、仲介の不動産会社さんを味方につけるのが大事です。

初心者は難しい部分もありますが、買うか買わないかの判断を即決すること。「私はお客様！」と上から目線の態度を取らないこと。逆に、相手をお客様扱いするくらいの態度で接すること。

細かいことを言わず、できることはなるべく自分でやるのが大事です。この「できること」とは、役所への確認も含みます。

古い物件の場合は詳細な資料が揃っていないこともあります。本来なら仲介の不動産会社さんが用意する資料であっても、自分で揃えられるものはあります。とくに役所関係については、電話をして住所を伝えればすべて教えてもらえます。

たまに「資料をくれなければ動きません」といったスタンスの人もいるようです。もちろん買う意思が固まれば依頼してもいいですが、買う前の段階で資料を要求して横柄な態度をとっていると印象が悪くなってしまいます。

仲介の不動産会社さんは忙しいものですし、お客さんはほかにもいるのです。そもそも安い空き家の売買では、安い手数料しかもらえません。ですから、仲介の不動産会社さんの手間を省いてあげるのは大事です。すると、「この人はやりやすい人だ」と好感を持たれます。

「キーボックスを使って、ご自身で内見してください」と言われるセルフ内見だと、不動産会社さんの案内を受けられないため、不安になってしまう初心者もいますが、私はむしろありがたい対応だと感謝しています。

不動産会社さんと日程を合わせるために内見が遅くなってしまうよりは、キーボックス対応でもすぐに見れたほうが買える可能性が高まるからです。また、購入後にクレームを言わないことも次につながります。

これは、指値だけでなく不動産投資全般に言えることですが、売買仲介の不動産会社さんはもちろんのこと、リフォーム業者さんや入居付けの不動産会社さん、入居者さんとも、うまく付き合えるように配慮しましょう。

投資家のなかには、「いかに安く手に入れるか、いかに儲けるか」ということが正義だと考える人がいます。たしかに利益を得ることは大切ですが、それだけに注力するとひずみが出てうまくいかなくなることがあります。

筋を通し、自分の利益だけではなく周りの人の利益も考え、誠意を持って付き合う。これこそが、なっちー流です。

❖ 契約と決済

指値が通ったら、いよいよ契約・決済に進みます。契約日にやることは、売買契約書へのサイン・捺印です。

一方、決済日にはお金の支払い、鍵の受領、そして登記申請をします。契約と決済は同時に行えます。現金の場合は契約と決済が一緒になされることが多く、実際に私も一度で両方を済ませるケースが多いです。

なおローンを組む場合は、契約と決済は必ず分けて行うことになります。

重要事項の説明書と契約書のドラフトは、契約の前にもらい事前にチェックするようにしましょう。当日説明を受けた際に慌てないで済みます。重点的に読んでおくべきなのは特約事項として書かれている、物件についての特別な事柄についてです。

それ以外は雛形に沿ってつくられる場合がほとんどです。不明な点にはすべて線を引き、事前に仲介担当へ確認しておくとスムーズです。当日に確認しても問題はありませんが、不明点や疑問点をクリアにしてから契約を迎えましょう。

とくに注意すべきは契約不適合責任免責です。古い物件は大抵が免責になります。契約不適合責任というのは売買の目的物（この場合は戸建て）の重要な欠陥に対する責任のことです。

たとえば賃貸住宅として買う場合は、「賃貸住宅として使えないものはダメ」ということになりますが、躯体や雨漏り、シロアリなどが理由になることが多く、築古などとても安い物件の場合は、「そういった事情も見込んで買うように」という意味で免責がついていることも多いです。

免責になっている事項は引き受けなければならないので、契約書に書かれていると

【契約・決算にやること＆持ち物リスト】

●契約日に行うこと
・売主、買主顔合わせ
・重要事項説明
・契約書に署名・捺印
・仲介手数料の半分を支払う（決済日に全額払う場合もあります）

●契約日に必要なもの
・住民票（本籍、続柄の記載なし）
・身分証明書（免許証）
・認印（現金で購入の場合認印でも可）
・実印（融資で購入の場合）
・印鑑証明（融資で購入の場合）
・収入印紙1000円（契約金額100～500万円以下）
・仲介手数料の半分（その時によって変わります）
・手付金（物件価格の10％程度。売買代金に充当されます）

●決済日に行うこと
・残金の支払い（手付金以外の売買代金）
・仲介手数料の半分の支払い（契約日に全額支払っている場合はなし）
・固定資産税の日割りの支払い
・司法書士の報酬・登録免許税の支払い（決済の場で仲介業者さん立会いの元、本人が払う）

●決済日に必要なもの
・残金（手付金以外の売買代金）
・住民票
・身分証明書（免許証）
・認印（現金購入の場合は認印でも可）
・実印、印鑑証明（融資を使う場合）
・仲介手数料、司法書士報酬、登録免許税
・固定資産税・都市計画税の精算金
・火災保険・地震保険料

※支払う費用をそれぞれ封筒に入れて、お釣りが出ないように用意をしておく（振込みでも可）
※当日の持ち物は不動産会社さんに事前に確認し、それを持っていく

不具合を認めて買ったことになってしまいます。

ですから私の場合は、雨漏りする可能性、シロアリがいる可能性を見込んで、修繕費を計算したうえで買います。

マイホームなど一般的な物件ではあり得ないことですが、それらのリスクをきちんと理解して契約・決済に進むのが大事です。

❖融資を使う場合はローン特約を付けること

契約の際の手付金は、なるべく低く設定できるのがベターです。万一、こちらの都合で契約を白紙にしたいとなった場合、違約金が安く済みます。

手付金は、ほとんどの場合が購入価格の10％です。解約したいときは「手付流し」といいますが、手付金を放棄すれば解約できます。

私自身はこれまでに一度も手付流しをしたことがありません。単純にもったいないからです。

買った後にしばらくしてからまた売るという選択肢もあります。仲介してくださった不動産会社さんとの今後のお付き合いも考えて、極力手付流しにならないようにしましょう。

なお融資を使って買うときは、ローン特約を付けると期間内に融資が決まらない場合、契約が解除になり手付金が戻ってくることを覚えておいてください。

ただ、ローン特約を付けないほうが買いやすくなります。手持ちの資金が少ない人はローン特約を付け、逆に手持ちの資金がそれなりにある人は、ローン特約をなしにしましょう。

コラム 知っておきたい税金の話

不動産投資で忘れてはいけないのは税金の話です。私のスクールにも登壇いただいている顧問税理士の篠﨑勇太先生に監修いただき、基本的な税金の解説をします。

個人事業者の場合、購入時と売却時に一度だけ支払う税金と、所有時に毎年支払う税金があります。

●購入時の税金

・登録免許税
・印紙税
・仲介手数料にかかる消費税
・不動産取得税

●所有時の税金

・固定資産税・都市計画税
・所得税及び住民税
・個人事業税（一定の場合）
・消費税（一定の場合）

●売却時の税金

・印紙税
・仲介手数料にかかる消費税
・所得税・住民税（共に分離課税）

それから、不動産を購入し賃貸を開始した場合は、原則として、確定申告をしなくてはいけません。確定申告は、不動産収入や給与収入などの1月1日から12月31日までの1年間の所得を計算・申告し、納付すべき所得税額を確定させる手続きです。確定申告には「白色」「青色」がありますが、特典の多い青色確定申告がオススメです。

●青色確定申告の特徴

・10万円（一定の要件を満たす場合には、55万円、又は65万円）の控除が受けられる
・赤字の繰越が可能（3年間）
・少額減価償却資産の特例が受けられる（10万円以上30万円未満の少額資産の一括経費処理）

知識がある人は自分で行うこともできますが、初心者であれば専門家である税理士の先生にお願いしましょう。また、帳簿の記帳には無料で使える便利なアプリもありますので、チェックしてみてください。

第3章

リフォーム

～コスパよく空き家を商品化～

❖できるところだけを選んでDIY

私は10年以上不動産投資をしていますが、いまだにリフォームに悩まされることもあります。それだけリフォームは選択肢が多く奥が深いです。本章ではなるべく安く早く空き家をリフォームする方法をお伝えします。

工事は「材」と「工」、つまり材料と工事が基本で、荷運びや廃棄するための費用、駐車料金などが積算される仕組みです。

材料の1個1個はそこまで高くなくても、積み上げていくと高くなります。また工事には人手が必要です。多くの人手が必要となる工事、時間がかかる工事は人件費がかさんでいきます。

そこで、技術がいらない作業や、人が居ればいいだけの作業を自前に差し替えるのです。

何もかも自分でやろうということではありません。すべてを自分でやるのは相当に無理があります。とはいえ、すべてプロの業者さんに依頼すると高くつきますし、自分で交渉するのも容易ではありません。

だからこそ作業のなかから、専門性がないところはどこか、人出さえあればできるところはどこかを考え、差し引きしてコストカットするのが私のやり方です。

❖リフォームコストと機会損失

私の場合はＤＩＹと業者さんのリフォームを組み合わせて、無理なくなるべく安く仕上げる方法を推奨しています。ただし、始めたばかりで資金のない方の場合は、ＤＩＹが中心になることが多いです。

まとまった自己資金がつくれないときは仕方ありませんが、コツコツと頑張って半年かけて直すよりも、業者さんにお金を払って1週間で直してもらい、その翌日から貸せたほうがトータルでプラスになることもあるのです。

物件を現金で買うと月々の返済がないので、ついのんびりマイペースで対応しがちです。修繕に1年や2年かけても大丈夫かもしれませんが、家賃を月5万円もらえる物件で1年間の空室なら、60万円の損失を意味しますから、リフォームに1年以上かけるのは考えものです。

私自身、これまでにたくさんの機会損失をしてきました。外注を取り入れるようになったのは、「時間を買いたい！」という願望が芽生えてきたからです。

ただし、初心者の方はお金に余裕がない場合も少なくないでしょう。「使える自己資金がどれだけあるのか」、「家賃をどれだけ早く得たいのか」を考えて、可能な範囲でなるべく早く稼働できる状態にしましょう。

❖なっちー流は手間がかかるけれど誰でも再現できる方法

私の手法は、見積もりをよく把握して、使う材料をなるべく安くする方法なので、大幅作減というよりは少しずつ予算を削りとっていくイメージです。

見積りをひも解き、材が高ければ「ネット通販の商品に差し替えられないか」「施主支給（施主が住宅設備などを提供すること）ができないか」を業者さんに打診します。

仕入れるのも特別なものではなく、有名メーカーの型落ち品や、日本の無名メーカーにするのも手法のひとつです。

有名メーカーにする場合もグレードの低い安いもの、特別品ではなく量産品、新しいものではなく古めのものを選びます。そうすることにより機能や性能はそこまで落とさずにコストダウンができます。

❖業者選びはGoogleマップ検索で

まずは、業者さん選びからです。私は首都圏ばかりでなく、まったく知らない地方でも物件を購入しています。都内であれば、いつもお願いしているリフォーム業者さんもいますが、地方では一から業者さんの開拓をしなくてはいけません。

ここでは、どのようにして新しい業者さんを探すのか、そのやり方をお伝えします。

前著では「リフォームコンタクト」や「ホームプロ」などの見積もりサイトを紹介しました。

今は「ジモティー」「ミツモア」「くらしのマーケット」「家仲間コム」「交換できるくん」「タウンページ」など、いろいろと種類があります。

私が一番よく使っているのは、「Googleマップ検索」です。「○○市　設備業者」と

【業者選びに使えるサイト】

ジモティー　https://jmty.jp/
ミツモア　https://meetsmore.com/
くらしのマーケット　https://curama.jp/
iタウンページ　https://itp.ne.jp/
家仲間コム　https://www.ienakama.com/
交換できるくん　https://www.sunrefre.jp
シルバー人材センター　https://zsjc.or.jp/

そのほか、工建組合の指定工務店のホームページ、Googleマップ、便利屋さんなどがあります。

いったワードで検索し、物件の近所にある業者さんをマップ上で探します。Googleマップ検索の良さは、お店の外観を見られる点です。

職人さんだと看板を上げていない人もいるので、Googleマップで看板を出していることがわかるとひとつの信用材料になります。

そこで私はおしゃれな工務店や立派すぎる工務店をあえて避けています。地元に根付いていそうな小規模な業者さんが理想です。汲み取りトイレの物件で相談があったときは、Googleマップで便槽が並んで置いてある業者さんの写真を見つけて「ここだ！」と確信しました。

❖大手は高く、小さいといい加減なケースも

リフォーム工事ができる業者さんにはいくつか種類があります。ハウスメーカーのように有名な大手から地元の建設会社。地元系でも公共工事や大きなビルの建設を請け負う大きな建設会社もあれば、家族経営をしている小さな工務店もあります。

リフォームになると、建設会社であればリフォーム部門や工務店に直接頼むことになります。

総合的な工事が請け負える会社であれば、現場監督をしてくれて内装工事はもちろん、屋根の修繕や電気工事、駐車場の設置などワンストップで全て請け負ってくれます。

大手の業者に頼めば倒産する心配がないですし、場合によっては営業マンがいて施行保証も付いて至れり尽くせりですが、それだけ金額が高くなります。

工務店でも、地元の大手よりは家族経営をしている小さなところのほうが安いでしょう。小規模経営であれば広告費があまりかからず、社員に職人さんがいれば自社施工ゆえに安くなります。

会社の場合は営業マンがいてメールでやりとりできたり、見積り書が迅速に来たり、写真付きのきちんとした報告書が来たりといったメリットがあります。職人さんはそういったマメさがないケースも多く、サービスと金額が比例しているわけです。

何かがあった場合の責任という面でも、建設会社や大きめの工務店のほうがきちんとしている特徴があります。

初心者であれば、まとめて工事を頼めるところで、なるべく良心的な価格で請け負ってくれる工務店に依頼するのが無難です。

接客業をしている人や営業職で人と渡り合った経験のある人でしたら、職人さんと直接交渉もできるかもしれませんが、建築の知識がない方にはあまりオススメできません。

❖単発工事は専門業者さんへ

ちなみに私が選ぶのは1人親方系の職人さんです。

たとえばその職人さんが大工さんの場合なら、設備屋さんや電気屋さんなど仲間を紹介してくれることもあり、ワンストップに近いかたちでお願いできる一方で、分離発注（工事ごとにわけて発注）であるため、そこまで金額がかさみません。

工事が複数ある場合は、なるべくまとめたほうが安くなりますが、現場管理を自分である必要があります。

トイレの工事だけ、電気工事だけといった単発の場合は、Googleマップなどで特定の業者さんのみをピンポイントで探すのがいいでしょう。

大工工事は大工さん、設備工事は設備業者さんといったように、プチ分離発注のようなかたちで進めます。電気は電気屋さん、畳は畳屋さん、ふすまはふすま屋さんといった具合です。工事ごとに専門業者へ依頼してプロに任せます。

前述したように複合的な工事になってくると、自分で現場監督をしなければならず、スケジュール調整から施工時の立会いまで自分で管理する必要が生じます。ですから、あくまで単発の工事の際にオススメのやり方となります。

❖紹介が必ずよいとは限らない

もっとも注意しなければならないのは紹介です。

クチコミを信用し、発注した業者さんがお金を持ち逃げする事件もありましたし、「一度お願いしてみたらよかった」と紹介された業者さんでも、途中で工事を放棄していなくなったこともあります。

やはり、よい業者は人気が出るので高くなります。逆に業績が悪くなれば単価を下げて、仕事をいっぱい受けすぎパンクして破綻してしまうこともあります。

ですから仲のよい大家さんからの紹介でも、特定の業者さんに頼り切るのはリスクです。

同じように、ジモティーの口コミが好評でも、そのまま信用するのはやめましょう。どれだけ高評価であっても、それが必ずしもあなたにとって最適とは限りません。

私は工事でのトラブルを、Facebookに投稿することがあります。

過去に投稿を読んだ方から紹介いただいた職人さんがいました。「紹介はうまくいかない可能性があるもの」というのはわかったうえでお願いしました。

そのときは雨漏りがひどくて困っていたのですが、紹介いただいた大工さんにわずか15万円で修繕してもらえました。このように紹介には、トラブルリスクがある反面、いい意味で予想を裏切ってくれる業者さんもいます。

❖プロ向けのホームセンターで業者に接触

最後に、ちょっと中上級者向けの探し方を紹介しましょう。

私の場合、「ホームセンターのプロ系のコーナーで声をかける」という方法で、リフォーム業者さんを探すこともあります。

「リフォームをするのですが、見積りを取ってもらえませんか?」と聞くと、個人でやっている職人さんや下請け業者さんに出会えることがあります。

下請けの場合、会社を通さず支払う際は注意が必要ですが、直でつながれると安くやってもらえることがあります。

初心者には荷が重たいかもしれませんが、代金の先払いを要求されても、せめて半分で受けてもらえるように交渉し、なるべく前払いを避けるようにしましょう。施主支給の場合も、自分で買うのではなく仕入れるものを決めて写真を見せ、URL付きで依頼するのがポイントです。

私の場合は複数物件のリフォームもお願いしていたので、最後にまとめて払うかたちでやってもらえましたが、人によっては材料代の前払いを要求してくるかもしれません。業者さんが飛ぶリスクもあるので前払いは避けたいところですが、実際にこの方法で安く抑えられた生徒さんもいます。

リフォームをしている現場で声をかけるのも手です。工事現場に停められているトラックにはお店の名前が書いてあったら、Googleマップで検索してみましょう。

いずれにせよ職人さんを口説き、上手に付き合えるかがポイントになります。

❖見積りの取り方とチェック法

続いては見積りの取り方とそのチェック法です。

私は効率を重視して、1日にまとめて来てもらいます。うまく調整するのは難しいですし、かぶることもありますが、目標は1社あたり2時間×4社です。

最低でも3社は来てもらうようにします。午前に1社、午後に3社とすれば、丸々1日あればトータルで4社はいけるはずです。このとき「それぞれの会社に相見積りを取っています」と正直に伝えるのを忘れないでください。

ただ、4社も取っているとは言ってはいけません。業者がやる気をなくしてしまうからです。

「見積りをもう1社お願いしています」と伝えておくと、かぶったときも気まずくありません。

そもそも、相見積りを取っていることを黙っているのはルール違反です。ライバルがいることを伝えれば、「競おう！」という気持ちで見積りをつくってもらえることもあります。

❖リフォーム内容をできる限り具体的に伝える

見積りを依頼する際、どこをどのようにリフォームするかを決めずに、「とりあえず全部」とお願いするのはNGです。

たとえばクロスを貼り替えるにしても塗装するにしても、土壁であれば「ボードを貼った上からクロスを貼ってください」という具体的な言い方ができます。

まさか壁に直接クロスを貼るとは思えませんが、塗装するなら塗装と、全社に工事内容を統一して伝えましょう。

業者さんによって使用する材料が異なる場合もあるので、たとえばクロスであれば「量産クロスで統一する」など、なるべく共通した工事内容で検討してもらえるよう配慮することが大事です。

工事内容は後からでも変えられますが、同じ箇所を同じやり方で見積ってもらえないと比較しにくくなります。くわえて見積りは、できれば一式のような書き方ではなく、箇所ごとに出してもらうようお願いしましょう。

また、見積りは依頼してからすぐ上がってくるとは限りません。日付までは指定しませんが、催促しないとズルズル放置されることもありますから、「いつ頃ですか？」とやんわり聞いておきましょう。

❖安くしたいなら繁忙期を外して急がせないこと

見積りが出たら、まず値段を比較検討します。私の場合は基本的に急かさないようにしています。

「ほかの現場もやりつつ、私の物件は時間ができたときで構いません。その代わりなるべく安くしていただけたら」と希望を伝えます。安くしてもらうなら、繁忙期を外して、納期にゆとりを持たせるのが一番です。

入居が決まってしまったときは「すみません。いついつまでに・・・」とお願いするかもしれませんが、基本的には「安くなる＝何かを捨てる」ことなので、私はスピードを捨てるようにしています。

もちろん、空室期間が延びることは機会損失なので、「3カ月内に終わらせよう」「来月末までには終わらせよう」といった、おおよその目安は考えておくといいでしょう。「いつでもいいですよ」といったニュアンスで伝えてはいますが、結局は厳しくない程度で納期を確認して、スケジュールのコントロールはします。

❖職人さんの判断が必ずしも正しいとは限らない

ボロボロの物件を買い、高利回りで運用する投資家さんのなかには、器用にいろいろとやってくれる1人親方のような職人さんに依頼するケースがあります。私も東京の物件ではそのやり方をすることが多いです。

とある投資家さんが懇意の業者さんにボロ物件ではなく、新築物件の工事を依頼したところ、リフォームならともかく新築物件はあまり経験がなく荷が重かったのか、納期が大幅に遅れてしまいました。

小回りが利く職人さんで重宝していても、工事には向き不向きがあります。たとえば戸建てのリフォームや、集合住宅の1部屋であれば、きちんと修繕できても、新築アパートとなると、キャパシティオーバーになってしまうケースです。

私も失敗経験があります。小回りが利く職人さんにアパート一棟をお願いしたら、想定以上に費用がかかってしまったのです。

というのも、その職人さんは「安く済ませよう」というコスト意識が高いがゆえに、なんでも自分でやってくれたのです。その結果、材の仕入れでコストカットはできたものの、当の本人の人件費がどんどんかさんでしまいました。

その職人さんは「解体屋に頼むとお金がかかるので自分たちでやるのがいい」と考えてくださったのですが、解体屋さんが倍の価格だとしても、日数が少なければ人件費を含めてそこまでのコストにならないことは大いにあり得ます。

職人さんは投資家ではありませんし、期間と値段はトレードオフの関係にあり判断が難しいものです。

私の場合、自分でリフォームした経験があるからなおさらですが、私と職人さんとでは判断基準が異なります。

安いけれど１カ月かかるのなら、「費用が１・５倍かかってもいいから、２週間でやる方法に変えましょう」と言えますが、知らされないまま１カ月かけられたら困ってしまいます。簡単ではありませんが、きちんと意思疎通を図るようにしましょう。

❖現場にできれば顔を出すこと

リフォームで大事なのは値段交渉だけではありません。何を重視するかにもよりますが、きちんと現場が回るように管理しないと、追加工事が必要になる場合もあれば、追加工事が発生しない代わりに工期がズルズルと延びることもあります。

アパートなど賃貸住宅の場合は、春のタイミングを逃すとなかなか入らなくなりますが、業者さんは入居が付くかは自分に関係ないので気にかけてくれません。現場が回っているかどうかは、投資家の責任としてチェックする必要があります。

不動産投資でも大切なのは物件を安く買うことですが、リフォームの一番のキモは、値段を安くするだけではなくて、やりとりや納期までを含めてスムーズに行うことです。不具合が起きてしまうと後々までダメージを受けますし、もめごとを抱えているだけでも気持ちが重たくなります。

だからこそ、現場には顔を出すようにしましょう。私の場合は事前にアポを入れるのではなく、当日「今、いらっしゃいますか?」と電話を入れて訪れることが多いです。その際はお昼休憩を避けていきます。お茶やお菓子を差し入れして挨拶をするイメージです。「この大家さんは現場に来る人だ」と認識してもらうだけでも状況は変わります。

とはいえ、物理的に物件が遠いと工事立会いをするのは難しいです。その際は、すべて信頼しておまかせすることになります。

ただし時間が許すのであれば、一度でもいいので工事に立ち会いましょう。そうすることで工事の進捗や内容が理解できます。また、しっかり仕事をしているか監視の意味もあります。

週1回ほど現場を見に行くスタッフのような人をアルバイトで雇うのもいいでしょう。現場では何もせず、ただお茶を持って見に行くだけでもいいのです。

「地方だから」「都会だから」というエリア性に関係なく、昔ながらの職人さんに依頼すると写真の送付やこまめな報告がもらえない場合も多いので、このように立ち会えれば円滑なコミュニケーションを図ることもできます。

リフォーム工事の期間中は電話連絡が増えるので、電話でどの程度進んでいるかを確認するのもひとつの判断材料になります。

とはいえ、すべて希望通りに進むわけではありません。ときには妥協も必要です。

完璧を目指さないのも大家業をするうえで大切なポイントだと思います。

❖「家賃に反映するか？」が重要

初心者で一番してしまうリフォームの失敗は、お金をかけ過ぎてしまうことです。適正かどうかがよく分からず、高くなってしまうのはよくありがちです。

大手建築会社の場合は、「あれもこれも直さなければならない」と言ってくることもあります。その結果、リフォーム費用が数百万円になりかねません。

これが柔軟な職人さんであれば、少し直すだけで問題ないので「数十万円」と言われることもあるでしょう。

私は間取り変更を含めたしっかり手を入れるリフォームから、クロスと塗装の表層のみ、極力何もしないパターンまで、さまざまなリフォーム経験をしていますが、常に気を付けているのが「お金をかけたら、それを家賃に反映できるか」です。

価格が高いので、誰にでもオススメできませんが、都内好立地での戸建て投資では、ボロい物件をキレイにして高家賃物件にします。

世田谷区の下北沢の物件は、事前のヒアリングでは12万円と言われましたが、19万円の家賃でもすぐに決まりました。敷金と礼金、ハウスクリーニング費もしっかり取れています。下北沢の物件は、最初は18万円で貸していました。初回もすぐに決まったので「安かったかも？」と考え次は19万円に上げたのです。

高家賃が実現した下北沢の戸建て

家賃19万円に踏み切った背景には、生徒さんが足立区にあるファミリータイプの戸建てで、そこそこキレイにしたら、家賃が20万円で入居付けができたという事例がありました。

先日も大田区の物件を買った生徒さんが、購入から入居付けまで3週間くらいで完了し、「家賃20万円で決まった！」と喜んでいました。購入額がある程度高い値段なので利回りは10・5％ですが、都内であれば利回り10％超はいいほうです。

ただし、これらはあくまで家賃がとれるエリアに限った話で、場所によってはなるべく手を入れないで安く貸す方法もあります。

リフォームをするかどうかの私の基準は、やはり「リフォーム費用に値する家賃を取れるか」によります。

とくに家賃設定の低めな地方ほど、お金をかけて直しても家賃には反映しません。そこで、とにかくお金をかけることを避けて、その代わり地域最安値で貸し出します。入居者さんが気になったところを直す・・・くらいでも受けはいいです。

❖なっちー流リフォームテクニック

ここからは、戸建ての箇所別に、リフォームのコスト削減術についてお話しします。まずは水回りからです。

●キッチン

キッチンの流し台は、程度にもよりますが意外と安く交換できます。拭くだけで汚れがとれるならいいですが、頑固な油汚れで落ちにくければ、いっそ交換してしまいましょう。

キッチンには、分譲用のシステムキッチンから団地用のブロックキッチンまでさまざまなグレードがありますが、私がよく使っているのはクリンプレティやマイセットです。

クリンプレティはクリナップのシリーズで、大きさによりますがスタンダードなも

【キッチン】

ビフォー

アフター

のだと5万円程度です。探せば3万円台のキッチンも見つかりますので、施工費が追加になってもそれほど高くはつきません。

キッチン交換の際に、水栓付きかどうかは水道が出ている場所によって異なります。いずれにせよ、ひどい汚れがついている場合や壊れかけている場合は、修繕するよりも買い直したほうが費用対効果は高いと思います。

キッチンの換気扇も同様です。掃除で済みそうなら掃除で、汚れがひどかったら交換をします。プロペラファンの換気扇は数千円から1万円台で買えます。レンジフードのひどい汚れも落とすのは大変ですから、やはり交換するのがオススメです。レンジフードは2万5000円くらいでしょう。

施工費が心配な方もいるかもしれませんが、キッチンの取付けは意外と簡単です。既存のキッチンを外して、同じ場所にキッチンを乗せるだけで、あとは配管を挿すのみ。手伝いが2〜3人もいれば自分たちでできます。

外したキッチンは事業系ゴミになります。捨て方は自治体ごとに異なりますので確認してください。また、鉄やアルミはお金になるので産廃業者（スクラップ屋）さんに持ち込むとよいでしょう。私は現場に来てもらい、無料引き取りをお願いしています。

●洗面所

洗面所も、古めかしいものや壊れているものは交換したほうが費用対効果は高いです。私が使う洗面所はLIXILなどの量産タイプで、小さければ3万円台で手に入ります。楽天などのネット通販ならより安く買うことができます。

取付けは業者さんにお願いしますが、同じ業者さんに注文する場合でも、ネット通販で買って業者さんに付けてもらうやり方（施主支給）と、仕入れも含めて業者さんに依頼するやり方があります。

依頼する際のポイントは「問屋で仕入れてください」とお願いしたり、自分で見つけた商品のWebページをプリントして渡して「これを仕入れてください」と伝えた

【洗面所】

アフター

ビフォー

りします。

そうすれば業者は見積りにマージンを乗せにくくなります。ちなみに職人さんは問屋で仕入れるので、材料費に利益を乗せることは少ないと思います。

工務店や建設会社だと、材料自体を高く見積もる場合が多いので注意が必要です。こちらから何も言わなければ、1～2万円は高くなる可能性があります。

取付け施工費の計算は、時間給ではなく人工で計算されることが多いです。人工とは一人の職人さんが1日に働くことを表している単位を指します。職人さんは2人組で動くことも多いので、その場合は2人工になります。まとまった工事であればそれだけ安くなりますが、1箇所のみの工事の場合はどうしても高くなりがちです。

●バスルーム

私は、風呂の交換もいくつか経験しました。タイル敷きの風呂やバランス釜のような古い風呂を、ユニットバスにしたこともあります。

タイル敷きの場合は、タイルが割れている状態であればユニットバスに変えますが、タイルが使える状態で浴槽交換のみで済むのならホールインワンにします。

ホールインワンとは、浴室にはめ込むタイプの風呂です。タイルなど既存の風呂場を活かし、浴槽と給湯器のみを交換する際に向いています。

バランス釜の場合は、浴槽と給湯器の両方を新調する必要があります。プロパンガスの場合は、プロパンガス屋さんが対応してくれます。

ホールインワンで私が使っているのは、浴槽と給湯器の合計で25万円程度です。なお、設備は値上がり傾向にあるので、ネットやホームセンターから最新情報を手に入れて賢く選んでください。

ユニットバスにする場合は、壁や床もそっくりそのまま交換します。そしてサイズが合うものをぴったりはめ込みます。私の場合、ユニットバスは30万円台がほとんどです。

【ホールインワンの風呂】

これを設備屋さんが見積りすると、「80万円からです」と告げられたことがありました。私が安く済ませている理由は、あまり有名ではないメーカーの品を使うからです。

たとえば楽天などで「ユニットバス」と検索すればいろいろ出てきますが、もっとも目立って安いのはハウステックという住

【バスルーム】

アフター

ビフォー

宅設備機器の製造・販売会社のユニットバスです。
まず業者さんに同じものを手配してもらえるか、あるいは問屋さんで仕入れられるかを尋ねます。

風呂の床が古めかしくてタイルが剥がれている場合は、バスナフローレやペディシートを上から貼ります。バスナフローレは、タイルの上から貼る風呂専用のシートです。
バスナフローレ、つまり風呂のシートにはペディシート・プレーンエンボス・あんからシートなどさまざまな種類があります。

【バスルームの床　上貼り】

アフター

ビフォー

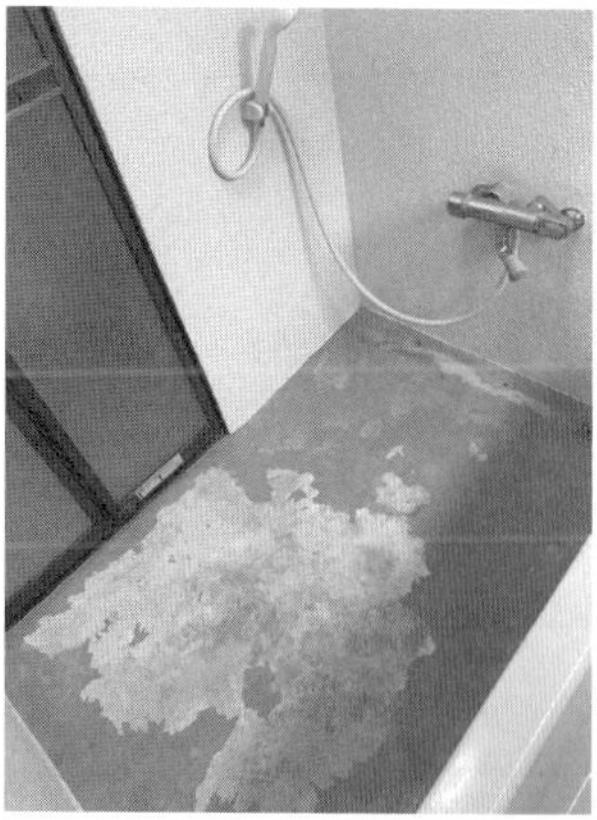

【バスルームの床　上貼り】

アフター

ビフォー

下がタイルでデコボコしている場合は、タイルにクイックレベラーというレベルを調整するものを使うかボンドを活用するなどして、表面を平らにしてからシートを貼ります。

デコボコが激しい場合は、クイックレベラーで補修したほうがスムーズです。コンクリート素材など、そこまで激しくなければボンドで充分です。

排水溝の周りはシートに穴を開け、まわりをコーキングします。見た目も変ではありませんし、機能面もこれで問題ありません。

●トイレ

トイレのリフォームを大きく別けると次の3パターンです。

- **汲み取りの和式から簡易水洗の洋式への変更**
- **水洗の和式から洋式への変更**

・汚い洋式の便座だけの変更

ときには、温水洗浄便座に変えることもあります。

もともと私が買っている物件は、和式トイレがほとんどありません。汚い洋式トイレが多いので、その場合は便座だけを取り替えています。

ただ、私は物件価格を重視しているため、あまりトイレの質にはこだわりません。

実際に汲み取り式の物件も２件買っています。

水回り工事は高くつきそうな印象があり、ハードルも高く感じている方が多いので、ひとつずつ具体的に説明していきます。

・汲み取りの和式トイレから簡易水洗の洋式トイレへの変更

汲み取り式トイレは、汚物を便槽というタンクに溜めておくタイプのトイレです。

溜まった汚物は、汲み取り業者が月に２回バキュームカーでやって来て引き取っていきます。

【汲み取りの和式トイレから簡易水洗の洋式トイレへの変更】

アフター

ビフォー

「汲み取り式なんて入居付けが大変・・・」と思われがちですが、実は汲み取り式のトイレでも簡易水洗トイレなら普通の水洗トイレと見た目が変わらずあまり影響しません。

ただし、簡易水洗トイレについての理解が浸透しているエリアでは比較されてしまいます。それでも千葉県柏市では業者や不動産会社さんですら、簡易水洗トイレについてよくわかっていないのが普通の状態でした。

きちんと広告に「汲み取り式トイレ」と書かれていても、見た目で水洗トイレと判断してしまい区別の付かない状態で借りる人は大勢います。

なお汲み取り代金は、大家さんではなく入居者が払うのが通例です。月４００円程度ですから入居者が気にしなければ、そこまで大きな問題にはなりません。汲み取りに対してネガティブなイメージのあるエリアでなければハンデにはなりませんので、物件価格が安いなら私は買いだと判断します。

汲み取り式トイレを簡易水洗トイレにするのは１００万円程度と書かれていることが多いですが、実際の費用は配管によって異なります。下水の距離によって上下するのです。

エリアによっては浄化槽を設置しなければならない場合もあります。浄化槽を新設するには１００万円近くの金額が必要になることもあります。

ですから私の場合は、汲み取りから普通の水洗にすることはまずありません。汲み取りのままで、和式トイレから洋式トイレにチェンジします。

【水洗の和式トイレから洋式トイレへの変更】

アフター

ビフォー

・水洗の和式トイレから洋式トイレへの変更

水洗トイレであっても、和式であれば洋式に必ず変えます。そのくらい、和式トイレは人気がありません。

和式によっては段差のあるタイル敷きだったり、ドアが古い木製だったりで、便器だけでなく壁や床、ドアも変えなければならない場合があります。

解体・はつり・切り回し・下地づくり・表装・設備設置まで含めると、和式から洋式に変える場合の費用は15～30万円かかります。段差の解体は大変なので、その場合は30万円ほど見ておくといいでしょう。値上がりが著しいので、あくまで参考価格です。

「はつり」とは、コンクリートやタイルをはつる（削ぎ落す）作業で、「切り回し」は新しい設備機器の位置を移動する作業を指します。排水溝の接続の位置が商品ごとに異なるため、切り回しの作業が必要になるのです。

トイレの工事は大掛かりですが、面積が小さいこともあり15～30万円で収まります。洋式にするときは温水洗浄便座を付けるのが通例ですが、コンセントがなければ電気工事も必要になります。電気工事は1カ所あたり1万5000円くらいです。温水洗浄便座は1万円台でしたが、最近は倍の2万円ほどになっています。

なお古すぎる便器なら、洋式であっても変えたほうが見映えはいいです。周りは変えず、便器だけ変えるなら7万円ほどです。水回りのリフォームは高くつくイメージがありますが、トイレはパーツ単位であればそこまで高くなりません。

●クロス

壁のリフォームは、古い砂壁や板張りの壁からクロス、古いクロスから新しいクロスにする場合の2パターンです。

もともとクロスが貼られている場合は、剥がれていなければ拭いて済ませるか、上からペンキを塗って隠すようにしています。

「塗ると、貼り替えるときに剥がしにくくなるからよくない」という声もありますが、専用の塗料が売られているので大丈夫だと考えています。

クロスに塗料を施す専門の業者さんもいるので、クロスが剥がれていない限りは拭く、または塗るで大丈夫です。

クロスの汚れは、セスキ炭酸ソーダを使うとだいぶ落ちます。粉末のセスキ炭酸ソーダを水で溶いてスプレーボトルに注ぎ、汚れた部分へシューっと吹きかけます。するとすぐに汚れが浮き、さっと拭くだけでキレイになります。これをクロス洗いといいます。

【クロスの洗浄】

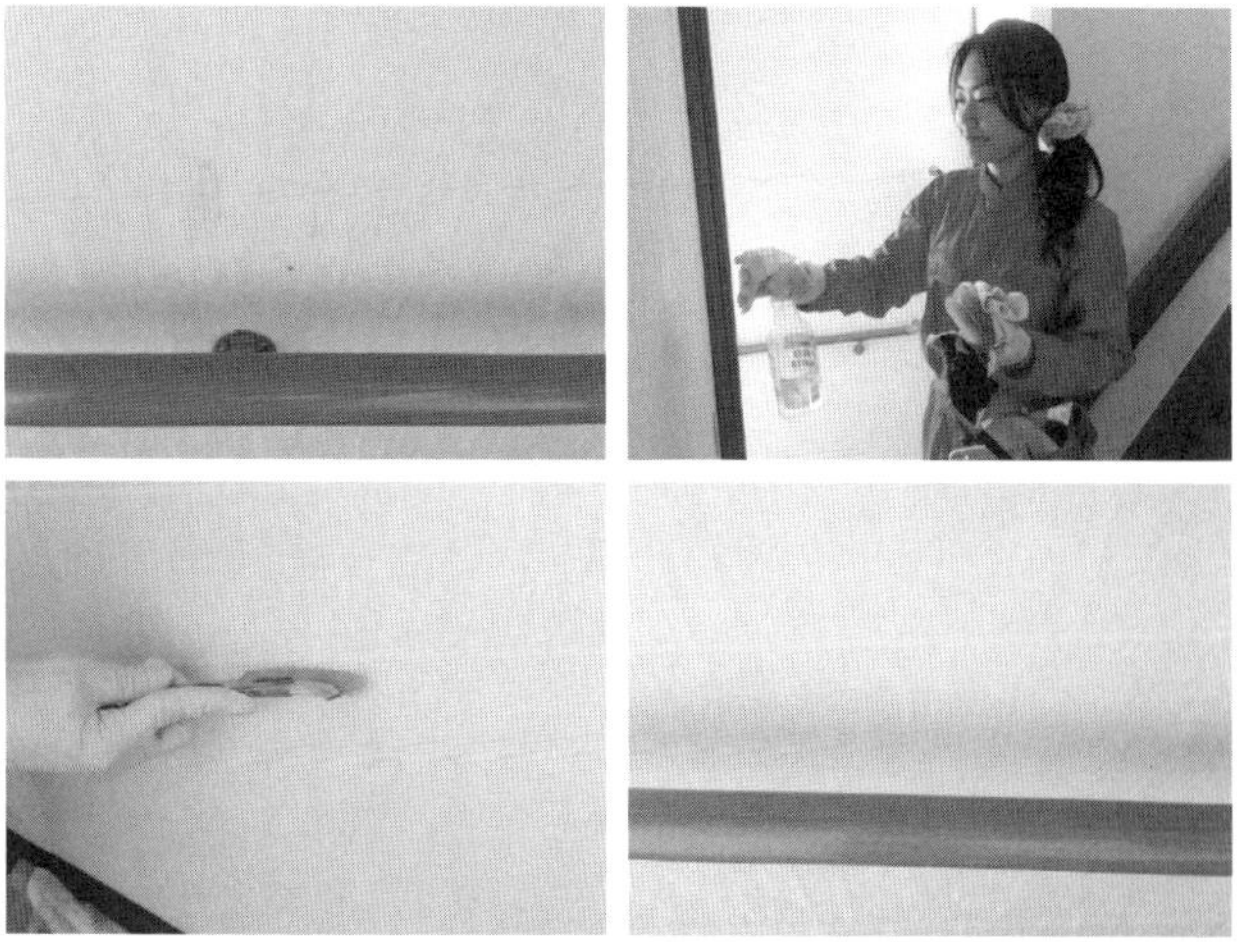

クロスを貼り替えるのは、ジョイント部分（つなぎ目）がパカッと剥がれていて修復が難しそうな破れている場合です。

業者さんに依頼するときクロスの料金はメーター当たり1000円を目安にします。1000円以下は安いほうでしょう。

量産クロスといわれる白い一般的なクロスのほかに、1000番台というデザイン性の高いクロスがあります。私が使うのは一般的なクロスです。デザインにお金をかけ過ぎるべきではないと考えています。

クロスの料金に処分費をはじめ、さまざ

まな費用がかかります。新築の場合は図面に基づいて計算されますが、リフォームの場合は日分量で採寸されることもあり、メーターあたりの単位が低いからといってお得とは限りません。

単価の安い業者さんで平米が多く見積もられていることもありますし、単価が高くても平米が妥当で意外に安くつく場合もあります。

今は値段が上がっているので、安いところを探してもなかなか見つかりませんし、別のものが加算される可能性も大いにあり得ます。ですから、ただ安いところではなく適正なところを探すのが大事です。とはいえ適正価格かどうかを判断するのも難しいでしょう。リフォーム経験の豊富な人に相談するか、スクールなどで最新の相場を確認するのがオススメです。

●床

床は、既存の床の状態によって対処法が変わります。畳を洋室にするかどうかは、その状態にくわえて家賃によっても判断が分かれるためです。東京では洋室に変えるようにしていますが、郊外の場合はすべて和室のままもあり、場所と物件の特徴によって変えています。

結局は、家賃が高く取れるのであれば直す考えです。そして、ボコボコになっている場合は床ごと交換して洋室に変えます。まずポイントになるのは、床がどのような状態であるかです。畳の場合は、使えなさそうなら洋室に変えてしまいましょう。

和室から洋室にする場合は、畳を上げて根太（ねだ＝床をはるために必要となる下地）を組みます。新しい床に貼るのは、フローリング・フロアタイル・クッションフロアの3種類ありますが、私が最近でよく選ぶのはフロアタイルです。

フロアタイルの値段はクッションフロアよりも高いですが、耐久性がありデザイン性に優れており、本物のように見えるのもポイントです。

【和室から洋室へ】

ビフォー

アフター

また、クッションフロアは家具を置くと凹んでしまいますが、フロアタイルは凹まないので退居後の原状回復のコスト削減になります。

６畳でクッションフロアはメーター３０００円、フロアタイルはメーター５５００円です。フロアタイルはクッションフロアの倍近くかかりますが、クッションフロアだと入居者が入れ替わるたびに凹みができてしまい、部分的だとしても貼り替えが必要になります。その点でフロアタイルは、もちが圧倒的によいです。

なおフロアタイルは、湿気などが原因で浮くこともあります。少し余裕を持たせて

【ビンテージワックス】

貼るのが浮きを防ぐコツです。

玄関の床は、タイル貼りがオススメです。タイルはホームセンターに行けば安く買えます。私は業者さんにお願いしますが、タイルは自分でも貼れます。

●塗装

古い家の場合、柱など木部塗装をしても後々アクが浮いてきて、あまりキレイな仕上がりにならない話も聞きます。油性塗料であればアクが出にくく、濃い色なら1回、淡い色なら2回塗りでOKです。

木部塗装で私が選ぶのは濃い色で、よく

使うのは焦げ茶色です。薄い色だとムラが生じるので、何度も塗らなければなりません。

最近、私が気に入っているのがビンテージワックスです。オイルステインというのはニスのようなものですが、ビンテージワックスはニスではなく固形ワックスに分類されます。

全体的に塗るならオイルステインでも構いませんが、角刷れなど特定箇所を隠すのが目的ならビンテージワックスが適しています。

オイルステインはオイルなので、塗りムラが出やすいです。ビンテージワックスだとムラが出にくく木目を生かすことができます。

●建具

建具とは、ふすまやドア、玄関ドアなどを指します。建具は価格が高いので、基本的にはできる限り替えません。

【玄関ドアの塗装】

ビフォー

アフター

昔の家ほど窓の開口部は大きいものです。最近の家は耐震もあり、そこまで窓を大きくしないのですが、昔の物件だと特注サイズの窓を使っていることもあります。これらを全部交換したらとても高くついてしまいます。そのため窓枠が古く木製のときもあっても、私はそのままにします。

建具は、アパートであれば規格品が多いのでまだしも、一戸建ですと特注のものや生産終了になっている場合もあるので、基本的にそのまま使うのがオススメです。

やむなく交換する場合は量産品で対応で

きるかを確認しましょう。量産品であれば、楽天で「ドアサイズ」と検索すれば出てきます。

玄関ドアは、ドアクローザーや鍵など、パーツ交換で対応できる場合もあるでしょう。既存のドアに塗装やダイノックシート（接着剤付きの塩ビシート）でもキレイに蘇りますので、なるべく既存のものを生かしましょう。

●外回り

続いてお話しするのは、玄関まわりや駐車場についてです。

昔の家は生垣や塀があったり、大きな木が植えてあったりと風情はありますが、そういったものを壊すと駐車場1台分が確保できることもあります。

地方はやはり駐車場がたくさんあったほうが強いですし、都会も駐車場は家賃アップのポイントになります。庭や玄関周りで車を置けるスペースを確保するように努めましょう。

【砕石の駐車場】

駐車場には砕石（さいせき）を敷けばもっとも安く済みます。砕石は数トン単位の量が必要になるので一度に運ぶのは大仕事ですが、ホームセンターで見積りを取り、必要な量を把握したうえで購入するのもいいでしょう。

ネットでも検索すればわかるかもしれませんし、必要な砕石はおそらく車1台あれば運べると思います。駐車場が複数台つくれそうな場合は、ラインではなくロープを使って区画分けをします。

物件資料に「駐車場なし」と書いてあるときも、1台停められるスペースを生み出せないかチェックし、駐車場を安くつくるようにしましょう。

コラム 現地調査にリフォーム会社の同行は必要!?

物件の現地調査にリフォーム業者の同行を依頼する話は、著名投資家さんの本にも出てきます。私自身も初心者の頃はリフォーム業者さんの同行をお願いしたことがあります。私の生徒さんからも「雨漏りが心配なので業者を呼んでもいいですか？」「リフォーム業者に見てもらってもいいですか？」と聞かれます。そのやり方を否定しませんが、積極的にオススメしていません。というのも、安い物件を買うためには、購入判断のタイミングに、じっくりリフォームの見積もりをとっている時間的な余裕がないからです。

また、同行してくれるリフォーム業者さんが投資物件の修繕に慣れていればいいですが、そうでないと「ここもあそこも直さないといけない」となり、「直すところが多過ぎるから買わないほうがいい」という判断になりがちです。もしくは、とんでもない高額の見積もりが出ることもあります。

その結果、購入をあきらめる・・・といったケースが後を絶ちません。できれば本文でチェックのポイントを参考にして、極力リフォームのいらない物件を選ぶようにしてください。同じような理由でホームインスペクションもオススメしていません。古い物件では粗しか出てこないからです。

ホームインスペクションで書いてあるのは、将来の可能性についてです。たとえば、「将来に倒壊する恐れあり」と書かれている場合もありますが、全国各地で地震は頻繁に起こりますから倒壊の恐れは全物件に言えることでしょう。傷んでいる柱が1本だけであれば、交換や補強もそれほど高くありません。

また外壁にヒビがあると「雨漏りする可能性があります」と書かれます。コーキングで防げるのに、ホームインスペクションで「雨漏りする可能性」「倒壊する恐れ」と書かれると、初心者は怖くて買うことができなくなってしまいます。

第4章

貸し方

〜トラブルを避けながら高稼働を目指す〜

❖どうする管理会社

お部屋をキレイに修繕して貸せる状態にしたら、入居募集を行う前に物件の管理運営はどうするかを考えましょう。「管理会社さんへ委託するように」と書かれている書籍も多いのですが、なっちー流は自主管理が基本です。

その理由は当たり前ですが、入居者さんを大切だと想っているから。管理会社に任せた場合、入居者さんへの対応が見えないため心配です。

自主管理の場合、「すべて自分でしなければならない」と考えると荷が重いですが、すべてを自分で背負うわけではありません。やり方さえ覚えれば、そこまで難しくないのでご安心ください。

ここで、管理会社さんが担う基本的な業務を確認しましょう。

●管理会社の業務

・入居募集
・家賃の入出金管理
・工事手配（原状回復工事や修繕の手配）
・入居者対応（クレーム対応・家賃の督促・退去立ち合いなど）
・契約業務
・定期清掃

・入居募集

まずは入居募集です。入居募集は、管理会社さん自らが行う場合もあれば、賃貸仲介会社さんなど専門の会社に管理会社から依頼することもあります。

東京をはじめ都市部には、入居募集を専門にする会社がたくさん存在します。地方はよほど田舎でもない限り、管理会社と賃貸仲介どちらにも対応できる会社があります。

賃貸仲介を請け負う不動産会社であれば、とくに管理契約を結ばずとも入居募集は依頼できます。それ以外にも、今はジモティー・ウチコミ！・エコーズなど大家さん自ら入居募集をできる仕組みもあります。大家さんが自ら行う入居募集のノウハウについては、次項で詳しく解説します。

・家賃の入出金管理

管理会社さんの2つ目の業務として、家賃の入金管理があります。今は入金管理を家賃保証会社さんが担ってくれます。各社によって条件が異なるものの家賃滞納が発生したら、家賃保証会社へ事故報告を出すことで家賃保証が受けられます。万が一、家賃滞納が続いた場合でも裁判をして退去させるまでが保証されています。

そのため、入居希望者には家賃保証会社との契約を必須としておきましょう。

家賃保証会社への加入の仕方は、募集をお願いしている不動産会社が契約している家賃保証会社にお願いすることもできますし、「カーサ家主ダイレクト」など、大家

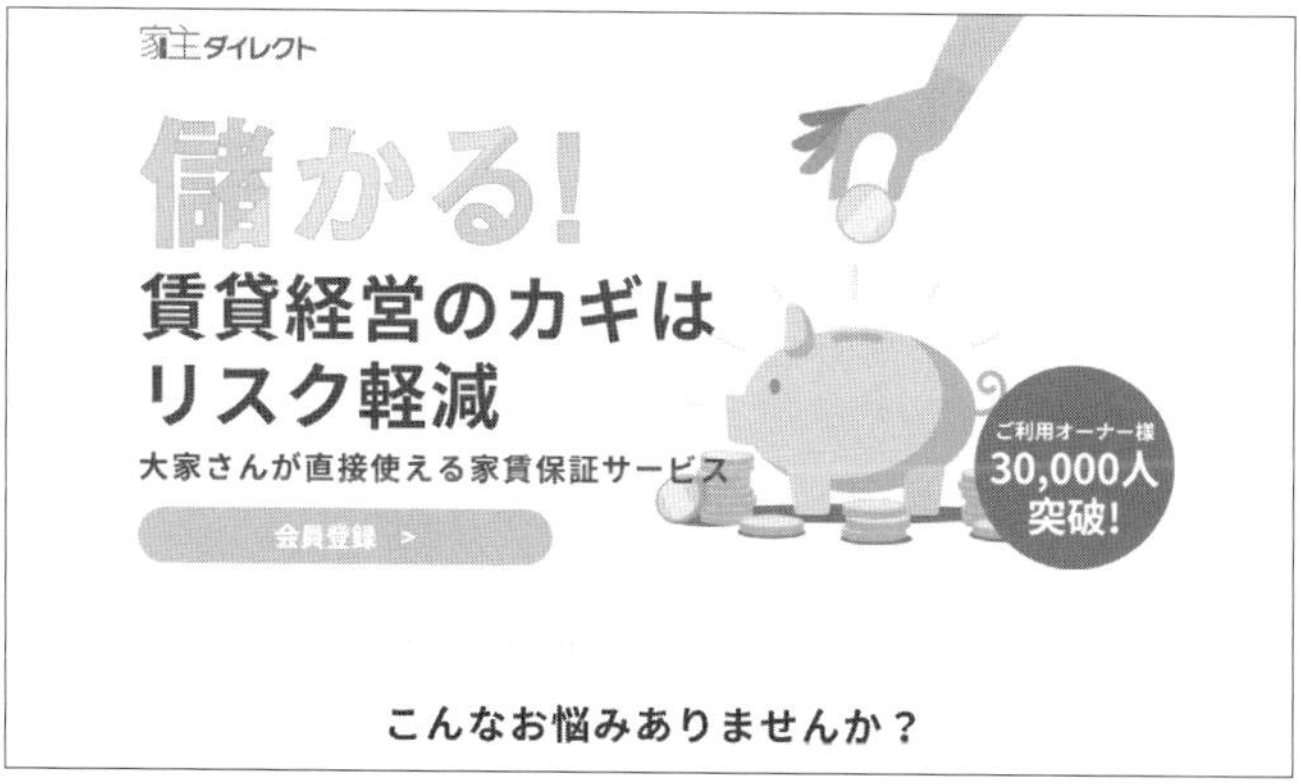

カーサ家主ダイレクト　https://casa-yd.jp/

さんが直接契約できる家賃保証会社もあります。

・契約業務

契約関連の業務は、更新の契約を含め賃貸仲介の不動産会社さんが行えます。こだわりのある大家さんだと自分で契約書をつくり契約を交わす人もいますが、私の場合、契約は仲介の不動産会社さんに依頼しています。

ただ、自分の希望を伝えず、業者さんの契約書をそのまま使うことはやめましょう。私も以前は業者さんの契約書をそのまま使ったこともありましたが、トラブルになってしまいました。それ以来、特約事項に自分の入れたい文言をまとめ、業者さんに送っています。

入居者から要求があるときは、困る内容がほとんどです。そうならないよう、懸念事項を1個ずつ潰すために存在しているのが特約事項だと覚えておいてください。

契約書の特約は、物件ごとにカスタマイズする必要がありますが、大きく分けると次の4つになります。

●特約の種類

- 建物
- 入居者のマナー
- ペット
- 違約金

【特約の例】

●建物

・現況有姿
・電球や水道のパッキン交換は入居者の負担とする
・害虫等の駆除は借主負担で行う
・湿気・結露に気をつけ、常に換気を心掛け、カビを発生させないよう十分注意すること

●入居者のマナー

・ピアノ等の楽器の演奏不可
・喫煙等による壁材・床材・建具・設備等の張替・塗替・交換を貸主が必要と認めた場合、借主の全額費用負担にて行う
・近隣トラブルは当人同士で解決すること
・借主が自転車、バイクの駐輪を希望する場合、事前に貸主の承諾を得ること（無料）

●ペット

・借主がペットの飼育を希望する場合は小型犬若しくは猫合計2匹までとし、事前に貸主の承諾を得るものとする
・借主は敷金1カ月分を追加預託し、退去時に敷金1カ月分を償却（ルームクリーニング費用及び原状回復費用は含まない）
・ペットによる汚損・破損等の原状回復費用は全額借主負担）することを了承するものとする
・3匹以上は家賃○円増額する。（サイズ、頭数要相談）（例：1匹あたり2000円等）

●違約金

・借主が本契約を契約期間開始日より1年未満で解約する場合、短期解約違約金として賃料及び共益費（管理費）の2カ月分を貸主へ支払うものとする

建物については「現況有姿」と書きます。これは「内見に来たときのままの状態で貸しますよ」ということです。たとえば「網戸を付けてくれたら入居する」と交渉が入れば対処することもありますが、基本的にはそのまま住んでいただくスタンスを表明します。

私の物件は戸建てで敷地も一緒に貸しているので、「庭の草むしり、電球や水道のパッキン交換をするのは借主さんである」という内容を入れています。草むしりを入れたのは、大家側に頼んでくる人もいたからです。

虫について記すのもオススメです。ゴキブリが出ると「大家のせいだ！」と訴えてくる入居者さんもいるので、「害虫・害獣の対処は自分でしてください」と書けばいいでしょう。

こんなに細かいことまで書かなければならないのかと驚かれるかもしれませんが、記しておくと万一のとき助けになります。もちろん問題が生じて全く対処しないわけではありません。外注業者さん探しなど、大家としてある程度のことはします。

私も経験がありますが、とくにネズミでの揉めごとはよく起きます。ただ、揉めたとしても契約書に書いてあることでリスクヘッジになります。

入居者のマナーなど禁止事項に関する内容は、大家さんによってさまざまのようです。私は、騒音や汚すことを禁止する内容とゴミの分別について。それと近隣トラブルは当人同士で解決するような内容を入れています。

これはアパートの話になりますが、入居者同士で起こるトラブルの代表格は駐車場です。駐車場のトラブルは私の物件でも生じました。それ以降、「駐車場を譲り合って利用する」など、ルールを決めて契約書に記載するようになりました。

ペット飼育可能物件にするのであれば、ペット規約も必須です。

私は３頭目から２０００円アップという内容にしています。多頭飼いをＯＫにして放っておくと犬が数十匹に増え、犬屋敷のようになりご近所迷惑につながる恐れがあ

【参考：家賃保証会社　短期解約違約の保障内容】

・1年未満で解約の場合（住居用、住居学生用、駐車場）
　月額賃料の2カ月分相当額を上限とする

・1年以上2年未満で解約の場合（住居用、住居学生用、駐車場）
　月額賃料の1カ月分相当額を上限とする

※2年以上経過後の解約は保証対象外です。

ります。それを防ぐには、しっかりペット特約を作り管理するのが大事です。

違約金については「短期解約違約金」をしっかり記載しましょう。短期解約違約金とは数カ月など短い期間での退去に対する違約金を設定することです。私の場合、1年未満が2カ月で、2年未満が1カ月としています。

短期解約違約金は、万一取り損ねても保証会社さんが負担してくれるので、しっかり設定しておきましょう。

ちなみに原状回復（部屋を元の状態に戻す工事）については、保証会社さんから出る額は2カ月というのが一般的なルールです。契約書をきちんとつくり保証会社さんと契約すれば、トラブルを未然に防いで自主管理できるようになります。

・工事手配（原状回復工事や修繕の手配）

修繕が必要なときは、購入時にリフォーム会社を探すときと同じ要領で進めましょう。修繕をするのは大工さんや内装屋さんです。以前依頼した業者さんにお願いすることもできますし、別の物件でお世話になっている業者さんを呼ぶこともできます。

大家さんが連絡を受けて、リフォーム業者にお願いする方法のほか、仲介会社を通じて入居者さんが、24時間コールセンターや駆け付けサービスに加入しているケースも多いです。その場合は深夜のクレームにも電話応対をしてくれますし、業者さんによる初動の駆け付け対応が無料のケースもあります。

ただし、駆けつけサービスには注意点があります。とりあえず駆けつけてもらえる

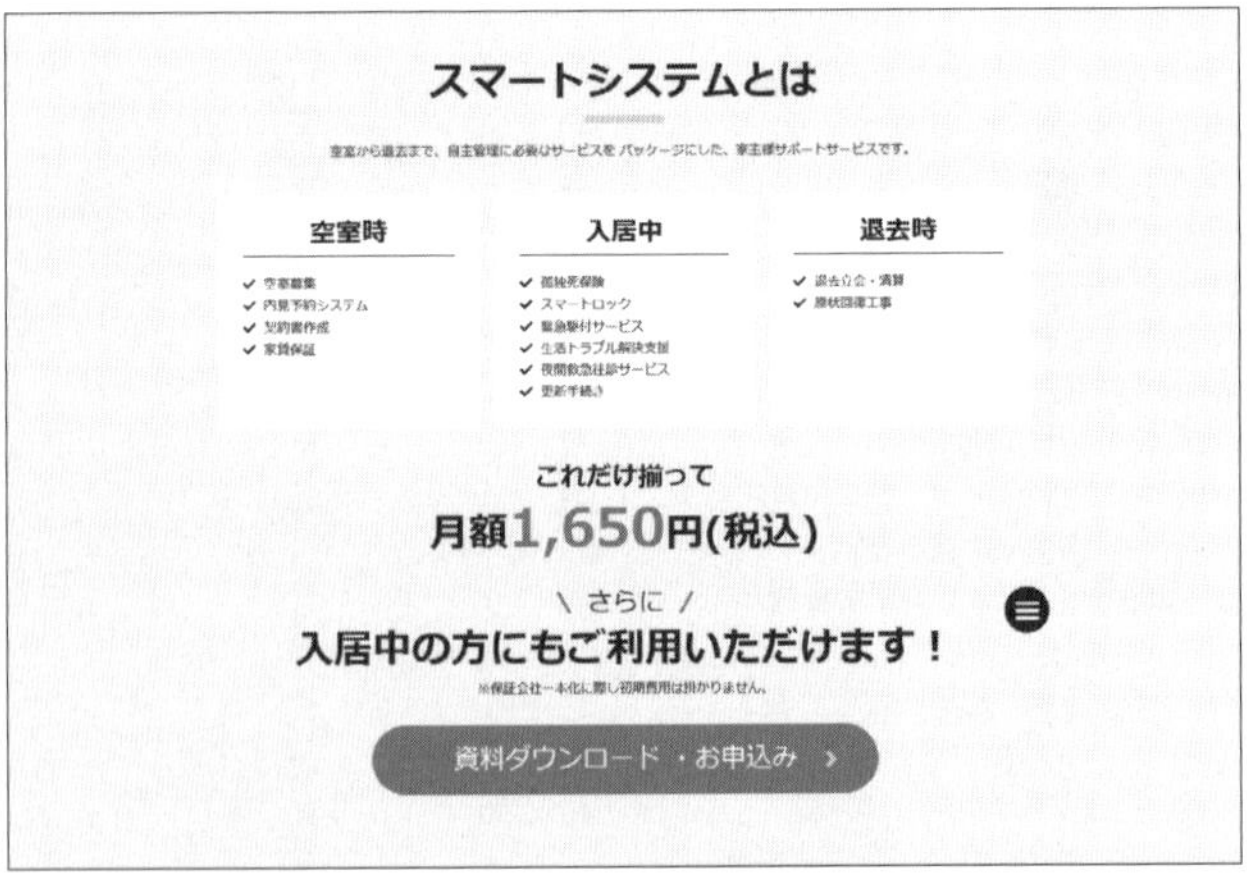

ハウスコム スマートシステム　https://owner.housecom.jp/smartsystem/

のは助かりますが、60分を超過した作業代金については別途実費を負担するケースもあります。水の緊急トラブルなどで高額の料金が発生することもありますので、頼る際はしっかり見極めてください（あらかじめ見積りが出ます）。

このように管理契約を結んでいなくても、仲介の不動産会社さんを通せば管理機能は動きます。

ハウスコムは管理がメインの会社ではありませんが、月額1650円を払うと、「ハウスコム スマートシステム」という自主管理オーナー向けのサービスが受けられます。

これは実質管理業務のような内容になっています。

入居者から直接連絡を受けたくない人は、このようなサービスを使うのもオススメです。

・入居者対応（クレーム対応・家賃の督促・退去立ち合いなど）

入居者対応で家賃の督促は家賃保証会社が対応してくれます。

トラブルの原因が入居者さんにあれば入居者保険が使えます。入居者保険というのは、賃貸借契約を結ぶ際に入居者が加入する保険の総称で「家財保険」（自分の財産を守るための保険）と、「借家人賠償保険」（オーナーへの損害賠償責任を保障するための保険）です。入居時に不動産会社さんを通じて加入します。

たとえば入居者さんの洗濯機のトラブルから床を水浸しにしてしまった場合、床の張替えの費用が出ます。そのほか、引っ越しの最中に家具をぶつけて壁に穴が開いたなども対象です。

注意点としては契約者が入居者さんなので、入居者さんが申請しなければなりません。トラブルが起きた際に、きちんと報告するようにあらかじめ伝えておきましょう。

退去立ち合いは、賃貸仲介の不動産会社にお任せすることもできますが、自主管理の場合では、不動産会社さんが立会いをしてくれないケースもあります。その場合、リフォーム業者さんにお願いします。可能であれば大家さんも立ち会いましょう。

業者さんとは入居者さんとの待ち合わせ時間の少し前に会って、一緒に現地へ行くとよいでしょう。汚れや壊れている箇所を入居者と一緒に確認します。このときに入居前の部屋の写真を、すぐに出せるようにしておくと立会いがスムーズにいきます。

なお、退去のあとは原状回復工事を行いますが、入居者さんに長く住んでいただいた場合は、大家さん負担になることが多いです。

ペット飼育で床や壁を傷つけたり、タバコを吸って壁や天井を汚した場合は、入居者さんに原状回復費用を請求できることもあります。

❖入居募集の準備

続いて自分で行う入居募集のノウハウをお伝えします。まずは入居募集をしてくれる賃貸仲介の不動産会社さん向けの募集チラシ（マイソク）を自作するところから始めます。

物件の概要やアピールポイントのほか、キーボックス番号、オーナーの連絡先を記入します。私の場合、パワーポイントで作成して、一日で営業まわりできる業者の数（10〜15枚程度）を印刷しています。

マイソクをつくるタイミングで募集条件を考えます。

募集条件は、エリアや物件の状態によって異なります。家賃は事前のリサーチやヒアリングで把握していると思うので、敷金・礼金や広告料（不動産会社に支払う入居者募集のための手数料）を決めます。

【自作のマイソク】

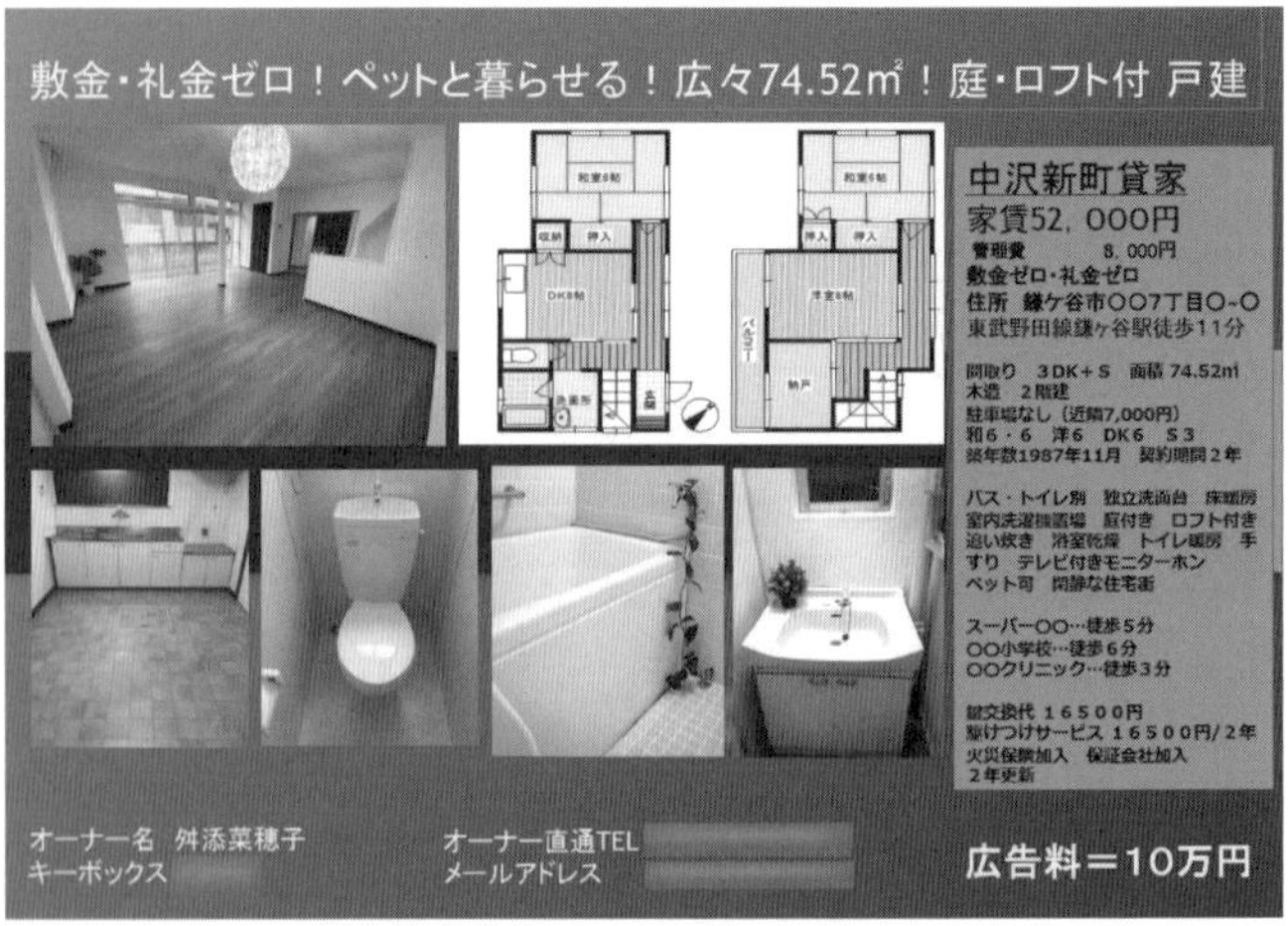

地方や郊外の物件は募集の手法が異なります。田舎で利便性が高いような場所でなければ地域最安値に設定します。写真は不動産会社に撮影してもらうことも多いですが、自分で用意してお渡しするケースもあります。

遠方の場合は、仲介の不動産会社さんに依頼できますし、それ以外にクラウドサービスの「ご近所ワーク」や「ココナラ」を使って物件写真を撮るカメラマンに自分で依頼し、撮影してもらう方法もあります。

マイソクの準備ができたら、ポータルサイトで自分の物件があるエリアの物件情報

ご近所ワーク　https://gokinjowork.jp/

ココナラ　https://coconala.com/

を調べます。そして同エリアを扱う不動産会社をピックアップして、入居付けの営業に向かいましょう。その際は不動産業者ではなく、オーナーであることをアピールするのがポイントです。

❖好立地の戸建て物件は積極的に攻めよう

地方や郊外ではリフォームしたからといって家賃が上がるケースは少ないですが、都会の好立地にある物件なら、アパートやマンションに比べて希少性があり高い家賃設定が狙えるケースも多いです。

そこで、私は都内の好立地ではキレイにリフォームして家賃を高くする手法を行っています。空室が埋まるまで少し時間がかかったとしても、高く借りてくれる入居者を優先し、チャレンジ価格で出してみるのがオススメです。

私にとってのチャレンジ価格とは、「これは無理かも・・・」と二の足を踏むくらい相場よりも高い価格のことを指します。あまりにも無謀であれば、業者さんが「いや〜、さすがに難しいですよ」と助言してくれるでしょう。

チャレンジ価格にする代わり、敷金・礼金をゼロにするなどしてお得感を出すこともあります。そのほかペット可にするなど魅力をつくることもあります。

私の東京都調布市にあるアパートを事例として紹介します。70平米で家賃12万5000円くらいを想定していましたが、実際には15万円で貸すことができました。２万円以上高い価格で募っても決まったのです。

その代わりとして、敷金・礼金はゼロにしました。調布は利便性の良い場所ではありますが、敷金礼金を取っていたらおそらく厳しかったでしょう。

❇「セルフ客付け」にチャレンジ！

入居募集は、マイソクを持って不動産会社さんに依頼するほか、現地の不動産会社に頼らず、自分で入居募集を行う「セルフ客付け」もあります。

●セルフ客付けの種類

・ポスティング

・近隣のお店、施設に営業

・ジモティー、ウチコミ、エコーズに掲載

・物件に看板、のぼり（戸建ての場合）

順番に解説しますね。

・ポスティング

チラシをつくって物件近くの家にポスティングします。チラシは自分で作成して印刷するか、もしくは前項で紹介した「ココナラ」などで、格安でプロにデザインを依頼もできます。ポスティングをすると、まれにご近所さんが知人を紹介してくれることもあります。

・近隣のお店、施設に営業

物件近くのカフェ、コンビニ、公民館、病院、保育園等の施設に営業をかけて、チラシを貼るか、置かせてもらえないか交渉します。決まった際は謝礼を支払うこともお伝えします（あらかじめ金額は言いません）。

・ジモティー、ウチコミ、エコーズに掲載

大家が直接自分の物件を登録し、入居者を募集することができるサイトがあるので、それらを利用して入居募集を行います。

もっとも費用が掛からないのは「ジモティー」ですがドタキャンも多いです。掲載は無料で成約時もとくに支払いはありません。「ウチコミ」は掲載無料ですが、成約時に手数料として家賃1カ月分＋税を不動産業者に支払います。

「エコーズ」の掲載は月３３００円（税込）で、成約時にシステム利用料として

「入居募集」「貸家」の看板はネット通販で購入可能

3300円を支払います。

●セルフ客付け向けのサイト

ジモティー　https://jmty.jp/

ウチコミ　https://uchicomi.com/

エコーズ　https://s-echoes.jp/

・物件に看板、のぼり（戸建ての場合）

物件に「貸家」「入居者募集中」という看板やのぼりを設置します。看板やのぼりは専門の業者さんもありますが、楽天などのネット通販でも数千円で購入できます。

❖現地ですべきことを見極める力が必要

私の生徒さんは、全国で物件を探しているため、自宅から遠いところに物件を持っている場合がよくあります。

私は遠方の物件を購入した方には「現地では、あなたがそこに行かなければできないことだけをしてきてください」と伝えるようにしています。

入居付けの営業やリフォームの打合せは、会って話したほうが伝わることもありますが、オンライン打合せ、または電話とメールのみで事足りる場合もあるでしょう。

大家業を始めたばかりの頃は、「対面がいいか、それともメールと電話だけで大丈夫か」を判断できないのは仕方ありませんが、やることが多くて、時間が足りなくなるような状況であれば「行かずに済ませる」という決断をするのも大切です。

❖お部屋のステージング

ステージングとは、お部屋に家具や小物を置いて飾り付けることです。分譲住宅のモデルルームの賃貸版です。見た目もよくなりますし、住んだ際のイメージもしやすくなります。

私もステージングはしますが、車を持っていないので大きいものは置けません。せいぜいIKEAバッグに入るくらいの量しか運べないので、グリーンや照明、スリッパなどに限られます。傷や汚れを隠すのに、ウォールステッカーを使うのも有効です。ステージングでは、トイレのマットを敷くのもオススメです。インテリアとして成立させるよりも、物件への愛情が伝わるようにすることを優先しています。

もちろん、インテリアコーディネーターを入れた本格的なステージングを否定しま

【なっちー流プチステージング】

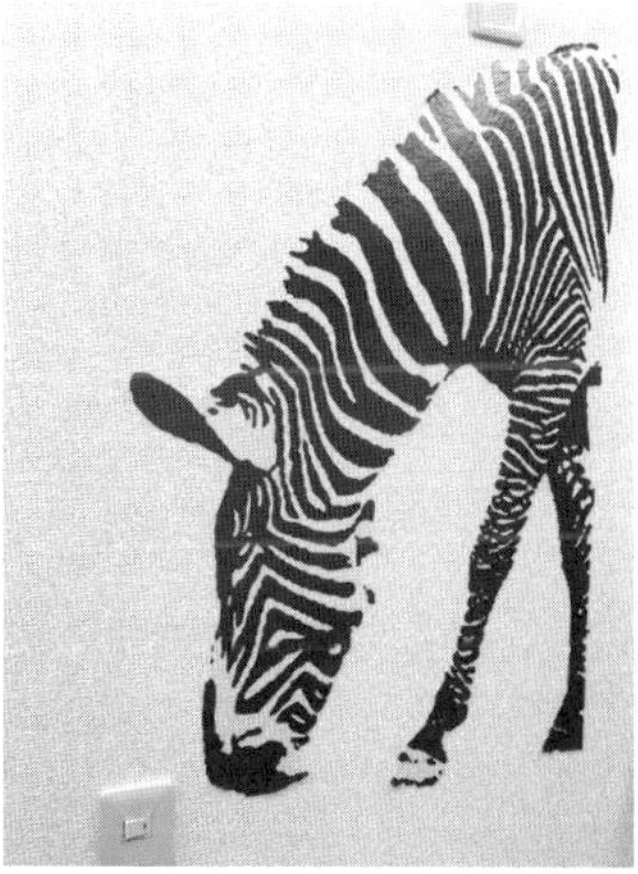

せん。ただ、そこまでして家賃が高くなるならいいのですが、そうでなければ自分で行える程度で充分です。

私自身はこれまでプロに頼んだことがありません。基本的にはリフォームも最低限で行いますので、おしゃれなインテリアで部屋をアピールするよりは、グリーンやちょっとした小物で、入居者さんに住み心地の良さそうな部屋だとアピールする意味合いで行っています。

❖宅配ボックスは有利に働く

差別化を図るべく、ポストと宅配ボックスの両方を設置するのもオススメです。私がアパートに置いたのは鍵式の宅配ボックスで、ポストと宅配ボックスを合わせて2万3000円でした。

鍵式のポスト付宅配ボックスは戸建て向き

鍵の宅配ボックスの場合、事前に宅配ボックスへ鍵を入れておき、宅配業者には荷物を入れて鍵を閉めた後、鍵を上のポストに入れてもらうというやり方をしています。

この鍵付きの宅配ボックスは、戸建て向きだと思います。

コラム 空き家投資に使える融資

本書では現金投資を紹介していますが、「不動産投資といえば融資」というくらい融資を使っている方は多いです。かつて、築古物件にも融資が出ていた時期もありましたが、現在はなかなか難しいのが実情です。

しかし、現金で投資をはじめて、きっちりキャッシュフローを出して経営を続けていれば、融資を受けられるようになります。ここでは築古物件に使える金融機関・融資の種類をご紹介します。

●信用金庫・信用組合

地域の金融機関である信用金庫・信用組合は個人客にも親身に対応してくれます。ただし営業エリアが狭いため、その土地で不動産投資をしないと利用できません。たとえば東京都の信用金庫・信用組合なら「東京都に住んでいる人・東京都の物件」が対象になり、地方物件の融資を受けることができません。また、金融機関によって基準が変わるため、法定耐用年数（法律で定められた耐用年数）以上は貸さないというところがあります。

くわえて信用金庫・信用組合では「信用保証協会」を使った保証も受けられます。事業に必要な資金の融資を受ける際に、協会が保証人となることで融資を受けやすくなります。審査や保証料が必要となりますが、まだ実績のない大家さんでも借りるチャンスが増えます。

●ノンバンク

ノンバンクは基準に合えば築古物件でも融資をしてもらうことができます。リフォーム資金、購入資金どちらも大丈夫です。ただし金利が高い傾向にあるので、しっかり利回りが出ている物件でないとキャッシュフローが出なくなってしまいます。

●日本政策公庫

日本政策金融公庫は政府系のノンバンクです。女性・高齢者・若者を対象とした制度融資があり、初心者にもやさしい金融機関という位置づけです。とはいえ、現在はなかなか厳しい面もあり、今は取得資金を借りるのは難しいとされています。ですから、まずは100万円程度のリフォーム資金を借りるところから挑戦してみるのが良いでしょう。

いずれにしても融資の情報は、その金融機関ごと、エリアや時期によっても変わるものです。そのため情報収集をする必要があります。

第5章

売り方

～後悔しない出口戦略～

❖古い家はどうなるの？

なっちー流の空き家投資では、古くてボロい木造の家を安く買うところからはじめます。そのため、購入時から築40年や50年であることも珍しくありません。

そうなると「そもそも木造の家はどれくらい持つの？」と心配になる人も多いです。

これまで私の元へも次のような疑問が寄せられています。

「いつまで家として使えるの？」
「修繕費ばかりかかるのではないか？」
「古くなった家を売ることはできるのか？」

このように心配事が多くあり、一般的には「古い家はお荷物」と考えられています。

だからこそ、空き家問題が発生しているともいえます。

ここで大前提の話をします。そもそも家というのは、使われず放置しているから廃墟になるのです。入居者さんがいれば、何かトラブルがあれば連絡が来ますし、不具合が起これば、その都度修繕をすることになります。人が住んでいてメンテナンスをし続ければ、少なくとも荒れ果てて住めなくなることはありません。

もちろん、ペットを多頭飼いして壁や柱を傷つけるなど、入居者さんが酷い使い方をしたら話は別ですが、基本的には修繕を行っていれば大丈夫です。

神社仏閣には築１００年以上の古い建物がたくさんありますし、修繕しながらやっていけば朽ち果てることはありません。木造の家は、あなたが思っている以上に、修繕がしやすいのです。

キッチンやお風呂などの住宅設備も、すべて最新のものに取り替えられます。床も壁もドアも窓も天井も屋根も替えられるので、むしろ取り替えられないものを見つけるほうが困難でしょう。お金さえかければ新築同様の状態まで持っていくことができます。

すべてまとめて工事するとなれば出費はかさみますが、少しずつメンテナンスしていく分にはそこまで大きな金額になりません。配管に関する不安の声も耳にしますが、これも交換または新しく設置することができます。

人が住める状態をキープするためのメンテナンスというのは、そんなにたいそうな話ではないのです。

とはいえ永遠に持つことはないでしょうし、家の寿命と同様に人の寿命もあります。人生１００年時代と言われていますが、自分自身が老いて資産を次世代に継がせたいと考えたとき「古い家をどうしたらいいいか」は課題になるでしょう。

もちろん、もっと早い段階で「売却をして現金に替えたい」と望まれるかもしれません。「不動産を売却する＝不動産投資を終わりにする」だけではなく、古い不動産を売って、新たに購入する物件の資金に充てる「資産の組み換え」もよくあることです。

今は空き家に投資していても、後にアパート・マンション投資に切り替えるケースもあります。そこで本章では、購入した空き家の出口について、主に売却の方法について解説します。

❖行く末は3つ

対処法としては、次の３つの方法があります。

- **オーナーチェンジ**
- **空き家で売る**
- **建て替え**

それぞれ解説していきましょう。

・オーナーチェンジで売る

まず、オーナーチェンジで売ることについて説明します。オーナーチェンジとは、入居者さんがいる状態で売却することです。

アパートはオーナーチェンジで売るのがスタンダードですが、戸建てはマイホームとして売ったほうが高く売れる可能性が高いです。オーナーチェンジで売ることも可能ではありますがオススメできません。

・空き家で売る

空き家での売却は「家として売る場合」と「土地として売る場合」があります。土地として売る場合でも更地にせず、古い家が付いている状態で売却できますが、私はそのままマイホームとして売却するケースが多いです。

それは前述した通り、マイホームのほうが高く売れる可能性が高いからです。なぜなら不動産投資家は利回りなど収益を目的に買いますが、マイホーム需要の方は「あくまで自分が住む家」なので、利益について追及することはありません。

「予算に合うか」「条件（立地や広さ、間取りなど）に合うか」というのが大きな購入動機になります。

ですから入居者が退居したときは、高く売れるチャンスです。私は賃貸と売却の募集を同時にかけることもありますが、最近は売却を強化しています。

売らない派の方には、少しわかりにくい考えかもしれません。売却と賃貸を同時にしたとしても、空き家の状態で売却を優先するなら、いつまで待つべきかという疑問を抱くでしょう。

私が今、売りに出しているのは空き家ではなくて団地ですが、入居が付いたらマイホームとして売れないと思い、入居者さんの退居が決まった時点で、とりあえず引越し前から売却の募集をかけたのです。

すると内見ができないのに、多くの問い合わせが来ました。改めて売却査定に出してみると、260万円で買ったのにも関わらず査定額は750万円でした。団地は管理費や修繕積立金などが発生しますし、売ったほうがよいと判断しました。

・建て替え

建て替えは上級者向けです。戸建ては土地付きなので、建て替えもできるのです。ただ、「投資家さんが建て替えをした」という話はあまり聞きません。物件によっては再建築不可もありますし、借地物件では地主の承諾が要り、多数のお金がかかることもあります。

このように建て替えの第一のハードルは、「建て替えられるか」ということです。田舎の場合は、市街化調整区域などに属しているために建てられない場合もあります。

建て替えられる土地であれば、私は建て替えるのではなく建て替え用地としての売却を検討します。考え方はさまざまで、更地にして売るか、古家付きの土地で売るかと迷う方もいますが、私は古家付きで売ります。

なかには、「解体費を出してほしい」と要求する買い主さんもいるので、解体費を乗せた状態で売りに出すこともします。解体費が200万円かかりそうなら、200万円を足した金額で売りに出して、交渉が入ったら解体費分をこちらで出したり、値引きしたりと応じます。

❇売却益よりも運用益を意識

不動産投資には家賃収入という運用益、つまりインカムゲインと、売ったときに利益になる売却益のキャピタルゲインという2つの利益があります。成功する物件とは、この2つの利益を得られる物件のことを指します。

出口を気にして買う人は多いですが、私の場合は、入口の時点で「高く売ること」にそこまでこだわっていません。何年後にどういう人がいくらで買ってくれるか、キャピタルゲインがどれだけ見込めるかは考えてもわからないからです。

私のスタンスはあくまで大家さんです。基本的には、所有によるインカムゲインに重きを置いています。

だからこそ、きちんと稼働し運用できる物件、人に貸して家賃を得られる物件であることが大前提です。もちろん、高く売れるチャンスがあったら売るのもよいと考えていますが、そこが一番ではありません。

皆さん、「安くしないと売れないのでは？」と心配するようですが、買った値段から上がるか下がるかは正直誰もわからないものです。

そこでまず私は、「大家さんとしての運用で損をしない」という視点で線引きします。あまりガチガチに出口のことまで考え過ぎると、そもそも投資ができなくなってしまいます。

❖売却のタイミングは？

よく売却のタイミングを聞かれますが、入居者さんが退去したときに高く売れそうだと感じたら、私は実際に売却に出してみてレスポンスを確認しています。そして「貸すよりも売ったほうが儲かる！」と判断したら売却にシフトします。

売却と賃貸の両方を同時に募り、早く決まったほうを選ぶこともあり、そのときどきで臨機応変に対応しています。

とはいえ私の場合、ある程度の戸数がありローンが少ないので、空室での売却と賃貸募集を同時にして、しばらく空き家が続いたとしても耐えられます。これが、初心者で空き家の状態が長く続き、家賃収入を１円も生み出さない状態が続くのは苦しいでしょう。

そこで空室になった際には、所有し続けた場合と売却した場合のシミュレーションを作成して、今売るべきかどうかの参考にします。

いずれにしても焦れば焦るほど売却はうまくいきません。たとえば戸建てを3戸持っている方なら、1戸だけ売って資金を得て次に進みたいこともあると思います。このようにステップアップのタイミングでお金を手にしたいときは「大きく利益を得たい」と考えがちですが、欲張らないのが一番です。

相場価格よりも、ちょっぴりチャレンジするくらいの金額で売るのがオススメです。すぐ売れる金額では安すぎますが、そうはいってもまったく問い合わせがこないのも問題です。加減をしながら落としどころを探っていきましょう。

前述したように高く売ることばかりを考えるのではなく、きちんと回すことに意識をおくようにします。

賃貸物件を対象として不動産投資では、キーとなるのが家賃です。家賃は新築時がもっとも高く、徐々に値段が下がっていきます。

築1年と築5年、築10年ではだいぶ差はありますが、築32年と築38年ではあまり差がありません。築40年を超えるような物件はリフォームが行われているので、築年数よりも「どのようなリフォームがいつ行われているのか」が重要となります。

築年数が増えるほど価値の下落幅は狭まっていきますし、家賃の下落も底を打っているので、むしろリフォームをして新しくすると価値が上がるのです。

たとえばキッチンを古いタイプのものからシステムキッチンに替えたり、床を貼り直したり、屋根をふき替えたりすると、家賃が上がることもあるでしょう。

とくに古ければ古いほど価値は上がりますので、建物の劣化が心配な方はリフォーム資金をしっかり確保しておきましょう。

よい状態で維持できれば、売却するにしても所有するにしても有利に働きます。

❖自分の採算ラインを設ける

出口を見据えて、どんな物件を買えばいいのか？　皆さん気になると思いますが、私はなるべく安く買うことが大事だと考えています。

田舎の空き家でも構いません。そこまで高利回りの物件でなくてもいいのです。安定的に家賃収入を得られる物件であることと、トータルで安く買うこと。この2点こそがリスクヘッジになります。

利回りが20%なら5年後、15%なら6年半と設定し、それ以降は「いくらで売っても損はしない」という見込みの持てる物件を選びます。

たとえば株や仮想通貨であれば紙クズ同然になる可能性もありますが、土地は消えてなくなりません。もちろん時期によって高くもなれば下がるときもあるでしょう。ですが決してゼロにはならないので、自分にとっての損益分岐点を設定しておけばそこまで怖くありません。

そもそも、いくらで買ったのかにもよります。利回り10％の物件は「10年持てば元手が回収できる」といった観点です。利回り20％で買ったら購入代金は5年で回収できるので、5年経ったら0円で売っても損にはなりません。利回り50％といった超高利回りの物件では2年間所有すれば元手が回収できます。

地方によっては、前述したように土地の価格が二束三文のところもありますが、キャッシュフローで回収する考えに切り替えれば前に進めます。たとえば地方の市街化調整区域で1坪５０００円であれば、そういう価値の土地として考え、キャッシュフローで回収するようにして、土地値をあてにしなければいいのです。

出口の金額を気にするよりも、家賃で回収しきっていたら、「いくらで売ってもプラスになる」と考えて動くようにしましょう。

とはいえ普通に住める戸建てであれば、それなりに需要があるもの。相場が１０００万円のエリアであれば、「半額の５００万円で売ります」と出したら買主さんは見つかります。

非正規社員の方や高齢の方など住宅ローンを組めない人もたくさんいますので、現金で買える家には一定の需要があるのです。

このように自分の買う物件の価値や特徴を把握したうえで、採算ラインを考えてみましょう。

逆に東京をはじめ都会であれば土地値が高いので、建物がボロボロになって価値がなくなったとしても、最終的に土地として販売することができます。土地の価値が高ければ家賃で利益が出なくても、売却をすることでキャピタルゲインを得られるケースもあります。

❖高く売るためのコツ

最後に、高く売るコツについて述べます。売却の際には、購入時と同様に諸費用として上記の支払いがあります。また、利益が出たときには、譲渡所得税がかかります。

【売却にかかる費用】

・仲介手数料
・抵当権抹消費用（※）
・印紙代
・譲渡所得税・住民税

※抵当権又は根抵当権が設定されている場合に必要。住所変更している場合には、住所変更登記も必要です

これらの金額を計算したうえで売却金額を決めるのが基本です。

売却には購入と同じように、一般媒介・専任媒介・専属専任媒介とありますが、私のオススメは一般媒介です。

先ほどの団地の物件は、最初は専任媒介にしました。それはなるべく現地に行かずに済ませたく、専任媒介であれば現地の写真撮影やキーボックスの管理などをしてくれるからです。大手の業者さんは広告を打ったり、チラシをまいたりしてくれる点もメリットに感じました。

【媒介仲介の種類】

	専属専任 媒介契約	専任 媒介契約	一般 媒介契約
複数業者への依頼	不可	不可	可能
自分でお客を 見つけてくる	不可	可能	可能
状況の報告義務	１週間に１回	２週間に１回	無し
有効期間	３カ月	３カ月	制限なし

専任にして良かった側面もあるのですが、実際の問い合わせはその会社経由ではなく、レインズを見たほかの業者さんからのほうが多かったのです。結果、半年後には専任を終了し、数社に一般媒介のお願いをし始めました。すると、「すでに当社のお客さんを案内させてもらいました」と言われたのです。

「なぜ、うちの物件は決まらなかったのですか？」と尋ねると、「リフォーム費用などを考えると、もう少し安くして欲しかったそうです」とのこと。私も、なぜか専任さんにはダメな理由を聞けなかったので貴重な声でした。

専任の業者さんからは、「ほかに決めたらしいです」「前向きに検討をされているようなのですが」と聞いていたのですが、「リフォーム費用がかかるから、このくらいの金額であれば」という要望は、間に業者さんが挟まっていると私の耳までは入ってこなかったのです。

私は一般媒介契約に変えてこれから売りに出すところですが、そうすると積極的に扱ってくれない業者さんが出てきますので良し悪しがあります。

一般媒介契約で3カ月間だけ1社に依頼し、うまくいかなければ依頼先を増やす方法もあります。「3カ月経っても売れなかったから業者さんを変えたり増やしたりした」というのは、理由として立派に成立します。最初の1社も後から増えた業者さんも、嫌な気持ちにはなりにくいでしょう。

❖契約不適合責任に注意！

第2章でも軽く触れましたが、2020年の民法改正で売主の「瑕疵担保責任」に関する見直しが行われ、新たに「契約不適合責任」が導入されました。購入時にも注意点で入れていますが、売却時には責任をとる側になるため、別の意味で注意が必要です。

不動産の瑕疵とは、「取引の目的である土地・建物に何らかの欠陥があること」を指します。一方、契約不適合責任とは、「種類、品質又は数量に関して契約の内容に適合しないもの」を指します。

このように違いの多い「瑕疵担保責任」と「契約不適合責任」ですが、「免責特約が有効である」ことは共通しているため、建物に価値を持たないような古くてボロい空き家物件では「免責」とすることが可能です。

ただし、売主が法人であると免責が認められないこともあります。その場合は建物の不具合などトラブルが見つかったら修繕する義務があります。

❇ 査定サイトは利用しない

売却の際には「査定サイト」といって、物件情報を打ち込むと瞬時に査定額を出してくれる便利なサイトがあります。

査定額とは希望小売価格なので、いくらでも高く言えるのです。実際に高く査定した業者さんにお願いすると、レインズに出しつつも情報を抱え込み、問い合わせが来てもすべて断ったり、「もう決まりました」と返答したりすることもあると聞きます。

なぜ、そのような対応をするかといえば、第2章で紹介したように元付業者として、両手の仲介手数料をもらいたいからです。他社がお客さんを付けると、仲介手数料は半分に減ってしまうので、それを避けるために情報を抱え込みます。

結果、「3カ月経っても全然売れないので、〇〇〇万円下げましょう」と言われ、結局は最初の査定額よりもずっと低い、査定サイトで見た1番低い金額で売ることになった話もたくさん耳にします。

このように嘘をつく業者さんもいますので注意が必要です。すべての査定サイトがそのような悪徳会社が運営しているとは限りません。なかには良心的な会社もあるでしょうが、見た目では区別がつかないため、私は査定サイトを使っていません。自分自身で相場を調べて、それよりも少し高い金額で売却価格を決めています。

❖レインズに載せるかどうかも戦略として考える

アパート・マンションなどで、融資を前提とした物件であれば、融資をアレンジできる不動産会社に売ってもらうのが一番でしょう。融資アレンジができる不動産会社とは収益物件の専門業者となり、そういった会社の顧客に響くのはレインズに載せていない未公開物件です。そのため「ここだけの最新情報！」という希少価値のある状態にするほうが買い手に刺さる可能性が高いです。

ただし、レインズに出していなくても、楽待や健美家に長らく掲載し続けていると売れ残り感が出てしまいます。長く表に出ている・・・つまり売れ残っていることを意味しているので容赦なく指値をされます。「新しい物件情報」というイメージにしたければ情報の出し方に注意しましょう。

逆に、戸建てのようにマイホームとして一般の方や外国人に買ってもらいたいと考えるなら広く周知する必要があります。そのときは一般媒介が有効です。

私も一般媒介にし、いろいろな不動産会社さんに声をかけて相談したこともありますが、「複数社にお願いしている」とやはり業者さんには嫌がられました。

なかには「そんな高い金額で！」と鼻で笑うような対応をした業者さんもいましたが、ある1社が決めてくださったのです。そのときは、「一般にしてたくさんの業者さんに声をかけていてよかった」と感じました。

決めてくれた業者さんは店の前に立ちチラシを置いてくれたのです。買ってくれたのは、そのチラシを見た方でした。このようにさまざまな事例がありますので、やはり売り方には正解はありません。

ほかにも「広告可」の状態でレインズに出してもらう方法もあります。この場合、レインズに載せた業者さんはほぼ動いてくれませんが、広告を自主的に打ってくれる業者さんが現れる可能性はあります。

いずれにしても、なかなか希望の金額で売れずに焦ることもあるでしょう。しかし、「すぐ売れる＝お買い得物件」ということです。ある程度は時間がかかることを覚悟して、じっくり売っていく必要があります。

おわりに

本書を、最後までお読みいただきまして、ありがとうございます。

空き家は社会問題にもなっているように、「いらないもの」「お荷物」として扱われることが多いです。そのため、「人幅指値に成功して安く買えた！」「利回り50％超！」など、いわゆる「すごい投資」をしている人が大勢います。

もちろん、全員が成功しているなんてことはありません。

安い物件にはそれなりの理由があるもの。成功の裏には、人に言えない失敗投資もたくさんあるでしょう。私自身、小さな失敗も大きな失敗も経験してきました。

しかし、表に出ているのは「成功談」や「武勇伝」ばかり。それが初心者のハードルになっているケースもあります。

とくに本を読んで勉強している人ほど、「この物件でいいのだろうか？　もっといい物件が出るのではないか？」と迷って買えないのはありがちです。

実際のところ、パーフェクトな１００点満点の物件なんて、なかなかありません。悩みすぎて買えなくて何年も経ってしまうよりも、まずは手ごろな物件を買って大家さんをスタートするほうが大事だと考えます。

大家業は時間を味方につけるビジネスです。動き出さなければはじまらず、動き出すのはとにかく早いほうが良いです。


「何が正解なのか？」と考えはじめたらキリがないのも不動産投資です。

不動産投資にはさまざまなやり方があり、それぞれにメリットやデメリットが存在します。なかには私とまったく違うやり方もあります。

どれが正しいのか、正しくないのかといえば正解は一つではなく、その人にとって合う投資法が正解なのだと思います。

本書についてもひとつの正解ではありつつ、「絶対的な正解ではない」ことを理解してください。

私のノウハウで成功している人はたくさんいますし、再現性も高いと自負していますが、私の手法でなければダメというわけでもありません。

ただひとつ言えることは、「あなたがしたいと思っている手法で成功している人」から学んでください。不動産投資をしていない人や、別の手法を行っている人に相談しても無駄になってしまう可能性があります。

人間、真剣になって本腰をいれて行動すれば、大抵のことはできてしまいます。それは不動産投資も同じです。これは、処女作から言い続けていることです。

私は、貧乏OLからパート主婦となり、節約生活で貯めた資金を元手に、主に使われていない空き家をリフォームして商品化する投資を行ってきました。これまでコツコツと10年以上をかけて実績を積み上げており、いわゆる「すごい大家さん」でありませんが、誰にでも再現できる堅実な投資を行っています。

現金から始めているので、むしろ不動産投資の王道からは外れているかもしれません。しかし、愚直に一戸ずつ買い増やすことで、いつしか夫の年収を超えました。

高給取りの会社員でなくても、地主の跡継ぎでなくても、ごくごく普通のパート主婦が行動し続けていれば、お金持ちになれるのです。


今の生活を変えたい！

経済的に自立したい！

不安のない将来を迎えたい！


そう願うなら、皆さんも一歩を踏み出しましょう！

本書がその手助けになれば、著者としてこんなに嬉しいことはありません。がんばる人を、なっちーは全力で応援します。


最後に、本書の執筆にあたり、ご協力をいただきました皆さんに謝辞を。

「新刊を出したら？」とお声がけくださった、ごま書房新社の池田雅行社長、本書の元になるアイデアもいただきまして本当に感謝しています。

くわえて、久しぶりの執筆を助けてくださった編集ライターの布施さん、私の心強い味方でいてくださる大工のWさん、私を慕ってくれるアカデミー生の皆さん、ありがとうございました。

それから、いつも私を見守ってくれる主人、すっかり不動産投資に目覚めた父ヒロシと母にも日々感謝しています。

最後の最後に、読者の皆さんにももう一度、お礼を言わせてください。ありがとうございます！　皆さんの人生がもっともっと素敵に輝くことを願っております。

2023年10月吉日

舛添　菜穂子

・著者プロフィール

舛添 菜穂子（ますぞえ なほこ）

大阪在住の独身時代に倒産・リストラ・ブラック企業を渡り歩き、さらにFXでも失敗。結婚で知人が一人もいない関東へ引っ越ししたのをきっかけに不動産投資を開始。節約・パートで貯めたお金を使って、2012年に大阪で築古戸建を購入（利回り22%）。その後、戸建てを中心にコツコツ増やして現在24棟28室（5戸売却）家賃月収185万円。年間CF約1536万円。利回り平均20.1%、最高利回り54.5%。これまでに5戸売却し、その売却益の合計は3000万円以上！マイホームの住替えを2回行い、現在は世田谷区某駅徒歩2分の好立地に注文住宅を建て夫婦ふたりで暮らす。著書に『令和改訂版！パート主婦、"戸建て大家さん"はじめました！～貯金300万円、融資なし、初心者でもできる「毎月20万円の副収入」づくり～』（ごま書房新社）など累計5作がある。

● ブログ
https://ameblo.jp/naaachin0225/

● YouTube
https://www.youtube.com/channel/UChHZlNeHOoxbp-e8aGcQ-ww

● LINE公式アカウント
https://lin.ee/zgRq64O

● Instagram
https://www.instagram.com/ooya.nacchi

指値・リフォーム・空室対策・出口がすべてわかる
初めてでも今からでもできる不動産投資入門！
空き家投資の超基本

2023年10月8日　初版第１刷発行

著　者　舛添 菜穂子
発行者　池田 雅行
発行所　株式会社 ごま書房新社
〒167-0051
東京都杉並区荻窪4-32-3 AKオギクボビル201
TEL 03-6910-0481（代）　FAX 03-6910-0482
カバーデザイン　（株）オセロ 大谷 治之
イラスト　あらいぴろよ
編集協力　布施 ゆき
DTP　海谷 千加子
印刷・製本　精文堂印刷株式会社

ISBN978-4-341-08844-6 C0034